아이와 함께하는
10분 인성놀이

10-MINUTE LIFE LESSONS FOR KIDS: 52 FUN AND SIMPLE GAMES
AND ACTIVITIES TO TEACH YOUR CHILD HONESTY, TRUST, LOVE,
AND OTHER IMPORTANT VALUES
Copyright © 1998 by Jamie C. Miller.
Published by arrangement with HarperCollins Publishers.
All rights reserved.

Korean translation copyright © 2017 by HAK TO JAE
Korean translation rights arranged with HarperCollins Publishers
through EYA (Eric Yang Agency).

이 책의 한국어판 저작권은 EYA(Eric Yang Agency)를 통한
HarperCollins Publishers 사와의 독점계약으로 '주식회사 학토재'가 소유합니다.
저작권법에 의하여 한국 내에서 보호를 받는 저작물이므로 무단전재와 복제를 금합니다.

아이와 함께하는
10분 인성 놀이

좋은 습관과 가치관을 심어주는
유익한 활동 52가지

제이미 밀러 지음 | 하태민 옮김

학토재

아이와 함께하는
10분 인성놀이
10-Minute Life Lessons for Kids

펴낸날	초판 1쇄 발행 2017년 6월 30일
	초판 3쇄 발행 2022년 5월 31일
지은이	제이미 밀러
옮긴이	하태민
펴낸이	박경하
감수교정	최소영, 윤점순, 이여정
책임편집	이병렬
행정관리	백윤향
펴낸곳	(주)학토재
등록	제 2013-000011 호
주소	서울시 서초구 강남대로 18길 5 세한빌딩 4층
전화	02-571-3479
팩스	02-571-3478
홈페이지	http://www.happyedumall.com
전자우편	htj3479@hanmail.net
ISBN	979-11-85668-20-8

※ 값은 뒤표지에 있습니다.
※ 잘못된 책은 바꾸어 드립니다.
※ 이 도서의 국립중앙도서관 출판시도서목록(CIP)은 서지정보유통지원시스템(www.nl.go.kr/ecip)과
  국가자료공동목록시스템(www.nl.go.kr/kolisnet)에서 이용하실 수 있습니다.
  (CIP제어번호: CIP2017014446)

삶 자체로
최고의 교훈을 가르쳐주신 아버지께
이 책을 바칩니다.

옮긴이의 글

지난 20년간 저는 교사, 대학교수로 재직하면서 다양한 연령층의 사람들을 만났습니다. 이 기간 중 특히 내게 교육에 대한 깊은 고민을 안겨준 것은 공립대안학교에 교사로 근무하던 때였습니다. 이 학교는 여러 가지 이유로 학교생활에 적응하지 못한 아이들에게 새로운 교육의 기회를 제공하는 기관이었는데 그 시절 이곳에서 만난 아이들과의 경험 덕분에 저는 이 책이 갖는 가치를 알게 되었습니다.

교육은 사람을 긍정적인 방향으로 성숙시켜주는 매우 의미 있는 행위입니다. 이런 교육의 방향과 의미에 영향을 미치는 핵심적 요소는 아이가 갖고 있는 '가치관'입니다. 가치관의 대부분은 어렸을 때 형성되는데 여기에는 의미 있는 어른, 즉 부모나 선생님들이 지대한 영향을 미칩니다. 따라서 아이들이 올바른 가치관을 형성할 수 있도록 어린 시절부터 그 토대를 마련해주는 것은 어른들이 해야 할 중요한 역할입니다. 하지만 가치관을 다루는 효과적인 방법을 찾기는 참으로 어렵습니다. 특히 일반 부모들은 그 막막함이 더할 것입니다.

저 또한 공립대안학교 시절, 이런 고민을 하던 중에 지인의 소개로 이 책을 만나게 되었고 여기에서 소개하는 활동들을 아이들과 함께 해보면서 막막했던 가치관 교육에 희망을 보았습니다. 그로부터 10여 년이 지난 지금, 더 많은 분들과 이 책을 나누고 싶은 마음에 번역출간을 하게 되었습니다.

　이 책의 가장 큰 매력은 소개된 활동들을 따라하다 보면 놀이나 게임처럼 재미있게 즐기면서 자연스럽게 가치관 교육을 할 수 있다는 점입니다. 활동 도구들 또한 일상에서 쉽게 구할 수 있는 재료들로 이루어져 있기 때문에 아이들이 보다 쉽게 집중하고 친밀함을 느낄 수 있습니다. 아울러 이 책의 활동들은 아이들뿐만 아니라 청소년과 어른들에게도 적용 가능합니다.

　이 책의 뒷부분에는 여기에서 소개된 52가지 활동의 주요 준비물과 효과적인 활용시기를 정리해놓은 표가 있는데 '우리 아이가 이런 가치를 배우면 좋겠는데 어떤 활동을 해보면 도움이 될까?'라는 생각이 들 때 펼쳐보면 아이디어를 얻을 수 있을 것입니다.

　끝으로, 이 책이 번역 출간되어 나오기까지 많은 분들의 도움이 있었는데 번역과 교정 작업을 함께해준 나의 오랜 동료 최소영, 윤점순 선생님 그리고 연세대 심리학도인 이여정 학생, 편집과 출간의 긴 여정을 담당해준 출판기획가 이병렬 선생님, 이 책의 유용성과 필요성을 자극해준 영유아교육 현장에 계시는 많은 어린이집 원장님들, 그리고 출간과 교육이 함께 이루어질 수 있도록 지원을 아끼지 않은 학토재와 꿈·학·관교육센터에 감사의 마음을 전합니다.

옮긴이　하 태 민

차·례·

옮긴이의 글　6
들어가기　10

1마당 우선순위와 소중한 것

- 활동 1　가장 소중한 것 …………… 35
- 활동 2　순서가 중요해 …………… 40
- 활동 3　달콤한 속임수 …………… 42
- 활동 4　인생 저울 …………………… 45
- 활동 5　황금알 찾기 ………………… 47

2마당 잠재력과 자존감

- 활동 6　사과 속 씨앗 ………………… 58
- 활동 7　사람의 가치 ………………… 62
- 활동 8　나는 누구인가 ……………… 64
- 활동 9　숨겨진 보물 찾기 ………… 68
- 활동 10　팝콘 나누기 ………………… 71

3마당 긍정적 자세

- 활동 11　그릇 키우기 ………………… 79
- 활동 12　양말 속 조약돌 …………… 82
- 활동 13　열 받으면 나와요 ………… 84
- 활동 14　초점 두고 찾기 …………… 87

4마당 정직과 성실성

- 활동 15　묶고 또 묶고 ………………… 97
- 활동 16　밀가루 탑 ……………………… 99
- 활동 17　물색깔이 변했어요 ……… 102
- 활동 18　반죽 빚기 …………………… 106

5마당 사랑과 친절

- 활동 19　사랑의 불꽃 ………………… 115
- 활동 20　설탕 한 스푼 ………………… 119
- 활동 21　떠오른 계란 ………………… 121
- 활동 22　빈 병 룰렛 …………………… 123

6마당 좋은 습관 형성

- 활동 23　습관의 실 끊기 …………… 130
- 활동 24　자와 신문지 ………………… 134
- 활동 25　깍지를 껴봐 ………………… 137
- 활동 26　하나 둘 셋! ………………… 140

명언	259
52가지 활동, 이럴 때 한 번 해보세요	265
참고문헌	270
추천하는 글	271

7마당 목표 수립

- 활동 27 목표 지킴이 ······ 150
- 활동 28 도미노 게임 ······ 153
- 활동 29 편지 왔어요 ······ 156
- 활동 30 나는 슈퍼맨 ······ 159

8마당 화합과 협력

- 활동 31 나를 넘어 우리 ······ 166
- 활동 32 힘 모아 세우기 ······ 169
- 활동 33 뭉치면 할 수 있어요 ······ 172
- 활동 34 아슬아슬 물 붓기 ······ 174
- 활동 35 실타래 거미줄 ······ 176

9마당 감사

- 활동 36 이런 나라 저런 나라 ······ 186
- 활동 37 감사 보물 찾기 ······ 191
- 활동 38 행복 테스트 ······ 194
- 활동 39 숨겨진 축복 ······ 198

10마당 용기

- 활동 40 돌과 풍선 ······ 206
- 활동 41 이럴 땐 어떡하지? ······ 209
- 활동 42 돌돌 만 종이 ······ 213
- 활동 43 두려움 크래커 깨기 ······ 216

11마당 존중과 예의

- 활동 44 황금률 게임 ······ 226
- 활동 45 깃털 날리기 ······ 229
- 활동 46 이쑤시개 주세요 ······ 232
- 활동 47 전화기 놀이 ······ 235

12마당 신뢰와 믿음

- 활동 48 흙과 쿠키 ······ 245
- 활동 49 진실 게임 ······ 248
- 활동 50 떠오른 반짝이 ······ 250
- 활동 51 믿고 맡겨봐 ······ 252
- 활동 52 알 수 없지만 ······ 256

들어가기

부모가 가장 주고 싶은 선물 — 자녀의 행복

나의 아들 라이언은 대학 진학 때문에 집에서 5,000km나 떨어져 있는 버지니아에 살게 되었다. 그래서 나는 아들이 혼자 살 집과 살림살이를 마련해주기 위해 그와 함께 버지니아에서 며칠을 보냈다. 마침내 일을 다 마치고 고향으로 돌아오는 비행기를 타러 공항에 갈 시간이 다가오자 나와 아들은 앞으로 마주해야 할 새로운 환경에 대한 외로움과 불안을 느꼈다.

나는 최대한 냉정을 유지하면서 혼자 살아가야 할 아들에게 마지막으로 일러줘야 할 것들을 이것저것 챙겼다. 세탁기 돌리기, 장보기, 기타 혼자 살림하자면 알아야 할 자질구레한 것들을 꼼꼼하게 가르치고 조언했다. '잘하겠지' 믿으면서도 못내 아쉽고 안타깝고 걱정스러웠다.

집에 돌아오는 비행기 안에서 문득 '내가 지난 18년간 아들을 키우면서 가르쳐주지 못한 것은 무엇이었나?' 생각해보게 되었다. 나의 내면에서 가장 강하게 울려 나오는 소리는 단추를 어떻게 다는지, 자동차의 타이어나 침대 시트를 어떻게 갈아 끼우는지에 대한 것이 아니었다. 그것은 이런 질문들이었다.

- 다른 사람들을 존중하는 법과 예절을 가르쳤는가?
- 자신이 얼마나 소중한 존재인지를 느끼게 하였는가?
- 아이가 자신감을 가질 수 있도록 존중했는가?
- 실망과 외로움을 어떻게 이겨내는지 가르쳤는가?
- 더 나은 세상을 만드는 데 기여하도록 가르쳤는가?
- 삶의 참된 기쁨은 헌신과 봉사하는 삶에서 온다는 것을 가르쳤는가?
- 아이와 함께 하는 시간이 부족하지는 않았는가?
- 아이와 충분한 대화의 시간을 가졌는가?
- 아이의 얘기는 제대로 듣지도 않은 채 내 얘기만 하지는 않았는가?
- 미래의 목표를 설정하고 우선순위를 정하고 그리고 그것이 실현될 때까지 인내하도록 가르쳤는가?
- 혼자 잘사는 것보다 사람들과 함께 어울려 사는 것이 더 중요하다는 것을 가르쳤는가?

아이를 품에서 떠나보낼 때가 되면 대부분의 부모들은 '그동안 부모 노릇을 더 잘할 수 있었는데'하는 후회를 하곤 한다. 좀 더 사랑하고 이해해줄 수 있었는데, 아이들에게 더 나은 본보기가 될 수 있었는데… 등. 하지만 아이에게 인생에서 가장 소중한 것들 중 단 몇 가지라도 제대로 전해주었다는 확신이 든다면 조금 덜 후회스러울 것이다. 인생에서 가장 소중한 것은 무엇일까? 자녀의 삶을 성공으로 이끌어주고, 자녀가 유능한 사람, 남을 배려할 줄도 아는 사람, 도덕적 소양을 갖춘 성숙한 어른으로 성장하도록 돕는 '가치' 아닐까?

대부분의 부모들이 가장 바라는 것은 자녀의 행복이다. 그렇다면 아이를 행복하고 유능한 사람으로 키우는 가장 좋은 방법은 무엇일까? 인생을 살아가면서 마주하게 될 수많은 도전과 선택의 상황에서 아이에게 중요한 판단의 길잡이가 되어 줄 도덕적 가치를 심어주는 것이다.

어느 컨트리송에 이런 구절이 있다. "지켜야 할 기준이 있어야 해. 그렇지 않으면 닥치는 대로 살게 되지." 아이들은 부모가 가진 가치 기준에 의해 많은 영향을 받는다. 그래서 그들이 자신의 행동 규칙을 세우고, 넘어서는 안 될 한계를 설정하고, 올바른 방향으로 살아가는 데 있어 부모의 가치 기준은 무엇보다도 중요하다.

아이들에게 가치를 심어줄 사람은 누구인가?

우리 자녀에게 누가 이런 삶의 중요한 원칙을 가르쳐야 하는가에 대해서는 논의할 필요가 없다. 학교선생님들은 현실적으로 이런 원칙들을 지속적으로 가르치기 어려운 환경에 놓여 있다. 교육 프로그램을 시행할 시간과 에너지, 학부모들의 지원이 턱없이 부족하다. 또한 교회는 아주 훌륭한 도덕적 가르침들을 제공하지만 많은 사람들에게까지 영향을 주지는 못한다. 분명한 것은 가족공동체 안에서 부모들이 이러한 가치들을 자녀에게 가르쳐야 한다는 것이다.

현대사회에는 가족 해체를 촉진하는 요인들이 많지만 그래도 아직 가족은 우리 사회의 가장 기본적인 사회제도이다. 정부가 아무리 가족을 대체하는 기관을 만들려 하고, 사회가 범죄자들을 위한 교정 기관을 만든다 해도 가족의 영향력을 대신할 수는 없다. 가족으로부터 사랑 받지 못해 인생을 망친 사람들을 나중에 교정시키려 노력하는 것보다 태어날 때부터 사랑이 넘치는 가족 안에서 성장하도록 하는 것이 훨씬 효과적이다.

당신의 삶에서 가족과 함께 하는 일보다 더 중요한 일은 없다. "우리 모두가 사회에서 벌어지는 문제들을 해결하는 데 매달리느라 가족을 등한시한다면, 그것은 침몰하는 타이타닉호의 갑판 위에서 의자를 정리하는 것과 비슷하다."라는 말이 있다.

우리가 인생에서 가장 중요한 가르침을 배우는 곳은 인생의 실험실, 즉 가정이다. 인생에서 맺는 많은 관계들을 의미 있게 발전시켜 나갈 수 있는 잠재력은 바로 밤낮을 가리지 않고 가장 많은 시간 동안 친밀하고 힘든 시간을 함께 보내는 가족 안에서 생겨난다.

만약 부모가 바쁜 일상의 와중에서도 시간을 내어 아이들에게 이타적이고 공손하며 지혜를 가지고 상대와 공감하며 살아가는 방법을 가르친다면 가정은 훌륭한 학교가 될 수 있다. 그리고 이렇게 자란 아이들은 훗날 우리 사회의 많은 사람들이 믿고 의지할 수 있는 인재가 될 것이다.

인생의 미로

몇 년 전 아주 무더운 여름날, 나는 아이들 셋을 데리고 옥외에 거대한 미로가 있는 유원지로 놀러 간 적이 있었다. 미로는 수 킬로미터나 되어서 출구로 빠져나오려면 한참을 헤매야 했다. 미로는 3m 높이의 벽으로 둘러싸여 있어 그 안에 들어가면 앞으로 향하는 길 외에는 아무 것도 볼 수가 없었다. 미로로 들어간 아이들 중에는 대략 15분 만에 빠져나오는 아이가 있는가 하면 한 시간이 넘도록 빠져나오는 길을 찾지 못해 헤매는 아이들도 있었다.

미로에는 망루로 올라갈 수 있는 계단이 서너 군데 있었는데 이곳은 중간에 미로 찾기를 포기한 사람들이 현재 위치에서 출구가 어떻게 연결되는지 한번 살펴볼 수 있게 주변보다 높게 만들어놓은 전망대 같은 곳이었다. 이곳 전망대에 오르면 미로에 들어간 아이를 지켜보는 부모들이 옹기종기 모여 있는 것을 볼 수 있었다. 그 부모들의 모습은 참으로 다양했다. 자기 아이가 미로를 빨리 빠져나올 수 있도록 소리치며 방향을 알려주는 부모가 있는가 하면 흥미진진하게 그냥 지켜보기만 하는 부모, 따분해 하거나 짜증을 내는 부모, 출구를 찾아 나오든 말든 아예 관심조차 없는 부모도 있었다.

나는 이곳에서 미로 속의 아이들과 이를 지켜보는 부모들의 다양한 행동을 관찰하게 되었다. 그 순간, 이 장면이 우리의 일반적인 삶의 모습 혹은 좀 더 특별하게 부모와 자녀 간의 관계를 보여주는 것은 아닐까 하는 생각이 들었다. 나는 아이를 미로 안으로 들여보내고 나서 깊은 생각에 잠겼다.

그 곳에는 여러 유형의 아이들이 있었다. 첫 번째 유형은 달리고 웃으면서 재미있는 모험의 순간을 즐기는 아이들이었다. 그들은 유원지 문이 닫힐 때까지 그곳에서 계속 놀고 싶어 했다. 미로를 빠져나가는 일은 전혀 개의치 않은 채 오직 즐기는 아이들이었다. 그 아이들은 시간이나 출구 따위는 잊어버리고 '미래의 성공'에 대해 노심초사하지 않고 현재 이 순간을 즐기고 있었다.

두 번째 유형은 미로를 빠져나오는 과정에 대해 매우 신중한 태도를 보이는 아이들이었다. 그들은 분석적이고 과학적이었다. 미로를 빠져나가는 가장 최선의 방안을 찾기 위해 심사숙고했다. 오감을 활용하여 신중하게 자신이 결정한 길을 따라 열심히 가는 이 아이들은 이 프로젝트가 제공하는 도전을 즐기는 아이들이었다.

세 번째 유형은 미로를 탈출할 수 있는 최적의 경로를 찾는 데 탁월한 감각을 가진 아이들이었다. 그들은 일종의 '타고난' 아이들이었다. 자신의 직감에 따라 선택한 길이 옳다고 확신하고 나아가기 때문에 그다지 많은 가르침이 필요하지 않았다. 그들은 미로 찾기를 '쉽게 하는 아이들'이었다.

 네 번째 유형은 부모 없이 홀로 내버려진 채 스스로 무엇이든 해결해야만 하는 아이들이었다. 그들은 자기 내부의 나침반 외에는 따라가거나 도움을 받을 수 있는 목소리가 전혀 없었다. 이로 인해 그들은 옳은 길로 나아갈 때도 있었지만 때로는 잘못된 방향으로 나아가곤 했다.

 다섯 번째 유형은 제멋대로 돌아다니는 아이들이었다. 그들은 주위에 무엇이 있든 누가 뭘 하든 전혀 상관하지 않고 통로 이곳저곳을 헤매고 다녔다. 그들은 복잡한 미로가 주는 혼란스러움으로 인해 허둥대고 산만했으며 쉽게 좌절했다. 그리고 가능한 빨리 그 상황에서 벗어나고 싶어 했다. 당연하게도 그들은 가장 쉽게 도망갈 수 있는 길만을 찾아다녔고 미로 여행에서 그 어떤 즐거움도 느끼지 못했다.

 비단 아이들의 모습만이 아니었다. 나는 그날 오후 부모들이 아이를 어떻게 대하고 키우는지에 대해서도 다양한 모습을 지켜볼 수 있었다. 첫 번째 유형은 자녀의 움직임 하나하나를 통제하고 싶어서 미로 찾기의 모든 순간에 개입하는 부모들이었다. 그들은 미로를 하나의 경주로 여기고 행여나 자녀가 1등 하려는 의욕을 포기할까 봐 걱정하며 안절부절못하는 모습을 보였다.

 두 번째 유형은 자녀가 올바른 길로 나아가도록 정성스럽게 그 길을 안내하고 이끌어주는 부모들이었다. 그들은 길에 놓여있는 장애물과 경고 표시 등을 짚어주면서 자녀가 미리 준비할 수 있도록 도와주었다. 그들은 자녀가 이런저런 장애를 만나게 되더라도 완전히 포기하거나 남들보다 너무 뒤처지지 않고 나아갈 수 있도록 도와주려 애썼다.

세 번째 유형은 이런 와중에도 여유 있게 손톱을 손질하거나 책을 읽는 부모들이었다. 그들은 가끔 한 번씩 통로를 힐끗 쳐다보았지만 자기 일에 너무 몰두하느라 아래에서 벌어지는 상황에는 특별히 관여하지 않았다. 그들은 진행 상황에 흥미를 가지고는 있었지만 아이가 선택해서 얻은 결과에 대해서는 딱히 상관하지 않기로 마음먹은 듯 다소 냉정한 모습이었다.

이 외에 아이가 헤매고 있는 모습을 비웃듯이 바라보는 부모, 아이가 빨리 길을 찾지 못하는 것에 화가 난 부모, 이런저런 부모 역할로 완전히 녹초가 되어버린 부모들도 있었다. 그러나 한편에선 아이들과 함께 정말 재미있고 모험으로 가득 찬 하루를 보내며 즐기는 부모들도 있었다.

나는 그날의 경험을 통해, 모든 부모들은 다 각자의 방법으로 자녀에게 최선을 다한다는 것을 알게 되었다. 우리는 모두 각자의 배경, 경험 그리고 능력에 따라 강점과 약점을 지닌다. 이처럼 나름대로의 강점과 약점을 지닌 부모들은 자신의 아이를 키우는 도전 앞에 섰을 때, 자녀를 가르치고 훈련시키는 방법들 간의 올바른 균형점을 찾으려 노력한다.

이런 미로와 같이 우리 아이들에게 삶은 때로 혼란스럽다. 아이들은 각자 타고난 능력에 차이가 있어서 어떤 아이는 삶의 돌부리에 치여 넘어지는가 하면 또 어떤 아이는 혼자 힘으로 시련을 이기고 제 갈 길 알아서 잘 가기도 한다.

그러나 모든 아이들은 타고난 기질이나 재능, 지능에 상관없이 올바른 삶의 방향으로 이끌어주는 부모의 지도와 보살핌이 꼭 필요하다.

부모 역할에 죄책감을 갖지 말자

우리가 '아이들에게 삶의 중요한 가치들을 가르쳐야 할 책임이 부모에게 있다'는 것을 인정하는 것은 사실 큰 부담으로 다가올 수 있다. 때론 우리 어른들도 공감, 잠재력, 충실, 정직과 같은 추상적 가치가 함축하고 있는 내용대로 내가 잘 실천하고 있는지 확신이 서지 않을 때가 있지 않은가. 어느 날 출근길 차 안에서 화를 내거나 문 앞에서 판매 사원에게 거짓말을 둘러대고 있는 자신을 발견할 때, 과연 내가 아이들에게 예의, 인내, 정직과 같은 가치를 가르칠 수 있을까 하는 의문이 든다.

하지만 모두 기운을 낼 필요가 있다. 세상에 완벽한 부모가 어디

있겠는가? 우리는 자신에게 좀 더 친절하고 관대하며 인간적이고 정직할 필요가 있다. 아울러 실수했을 때 가볍게 웃어넘길 줄도 알아야 한다. 성공적인 부모상을 미리 정해놓고 그렇게 되지 못하는 자신을 계속 책망한다면 우리는 자녀를 키우면서 느낄 수 있는 보람을 놓치게 될 것이다. 우리 아이가 밝고 명랑하며 창의적이고 호기심 강한 유쾌한 아이로 성장하는 모습을 지켜보는 것, 그것만으로도 부모는 밥 안 먹어도 배부르고 그 무엇과도 바꿀 수 없는 삶의 재미를 느끼는 법이다.

다행히도 아이들에게는 완벽한 부모가 필요한 것은 아니다. 아이들은 상당한 회복 탄력성을 갖고 있어서 우리가 간혹 실수를 한다 해도 다시 조금만 이끌어주면 훌륭한 아이로 성장할 수 있다.

그러나 우리는 가끔 '과연 내가 그렇게 조금만 이끌어주는 일조차도 할 수 있는 사람일까?' 하는 의구심을 갖게 된다. 그리고는 다른 가족을 부러워한다. 너무나 잘 손질된 잔디와 깨끗한 차, 그리고 아주 예의 바른 자녀들을 둔 가족. 게다가 그 아이들은 악기도 잘 다루고 성적도 늘 'A'를 받는다. 또한 그 부모들은 동네에서 가장 아이들을 잘 돌보고 책임감 또한 강한 부모로 알려져 있다. 하지만 이런 부모들의 일상도 잘 보면 우리와 크게 다르지 않다. 그들도 가족의 식사를 준비하고 잠자리를 정리하며 수입과 지출을 맞추려고 애쓴다. 또한 실수도 하고, 손해를 배상하고, 서로 사랑하고, 화장도 하고… 이렇게 대부분 그들도 우리와 같이 일상적인 일들을 하며 산다.

우리는 부모 역할이란 오랜 시간이 걸려야 비로소 결과를 볼 수 있는 일이라는 것을 받아들일 필요가 있다. 단기간에 모든 것이 변하는 것 같지만 실제로는 그 어떤 것도 완성된 것이 없어서 도대체 내가 실제로 무엇인가를 하고는 있느냐는 의문을 갖게 된다. 그리고 설사 여러분이 아이들에게 가치 있는 어떤 것을 가르치고 있다 하더라도 그 결과를 어떻게 측정할 수 있겠는가? 예를 들어, 당신의 아이가 진실이라는 것을 언제 배웠는지 육아일기나 앨범에 기록할 수 있을까? 또 아이가 타인에 대한 측은한 마음을 다 익힌 날짜가 언제였는지, 아이가 자신의 행동에 책임지기로 결정한 날이 목요일이었는지 아니면 금요일이었는지 표시할 수 있겠는가?

결론적으로 우리가 받아들여야 할 사실은, 부모로서 매일매일 하는 일상의 일들은 결과로서가 아니라 과정으로서 의미가 있다는 것이다.

이 책을 통해 얻을 수 있는 것

결혼하기 전, 나는 대학에서 수강할 수 있는 모든 아동발달 관련 강좌를 들었으며, 아이들을 키우는 데 필요한 핵심적인 개념을 완전히 외웠다. 그래서 나는 엄마가 될 준비를 충분히 갖추었다고 생각했고 훗날 내 아이는 올바르게 행동하고, 재능이 뛰어나 장학생으로 하버드대학에 갈 수 있을 거라 확신했다. 그러다 갑자기 결혼을 하게 되었고 다섯 명의 아이가 생겼다. 나는 아무 생각도 할 수가 없었다. 전에는 아이를 키우는 일이 매우 자연스럽고 단순한 과정으로 생각되었지만 실제로 아이를 낳아 길러보니 전혀 달랐다. 온종일 붙어 있어야 하고, 스트레스는 계속 쌓이고, 자존감은 뚝 떨어졌다. 마침내 감정적 혼란과 불안, 걱정까지 나를 덮쳐왔다.

그러자 나는 또다시 자녀 양육법에 관한 많은 정보와 원칙들이 담긴 책들에 관심을 가졌고, 얼마 가지 않아 우리 집 서가는 관련 책들로 가득 채워졌다. 나는 이런 책들을 구입하고 전문가들이 제시한 수많은 원칙과 방법들을 공부하느라 20여 년의 시간을 소비했다. 때로는 이런 것들이 도움이 되기도 하지만 원칙과 실제 사이의 괴리로 인해 오히려 부모들에게 혼란을 주기도 한다.

이 책은 여러분에게 부모 역할로 인한 죄책감을 심어주지 않을 뿐더러 내용이 매우 간단해서 실제로 자녀와 함께 쉽게 따라 해볼 수 있을 것이다. 이 책이 아이를 키우는 복잡한 일을 모두 해결할 수 있는 비법이 되거나, 아이에게 가치를 가르치는 데 필요한 완벽한 길잡이가 된다고 생각하지는 않는다. 하지만 이 책은 몇 가지 도덕적인 상식들을 간단히 다루면서도 이미 소중하게 간직하고 있는 가치들을 더욱 강화하는 데 실질적인 수단을 제공할 수 있을 것이다.

아이들에게 이런 중요한 교훈들을 가르치는 일은 평생에 걸쳐 이루어져야 하며 그 대부분은 우리가 부모로서 아이들에게 보여주는 모습을 통해 자동적으로 이루어진다. 지속적으로 자녀교육 관련 강의를 들으러 다닌다 해도 우리는 실수를 저지르기 마련이다. 어느 누구도 완벽한 부모가 될 수는 없다. 하지만 자녀에게 이러한 원칙들을 가르치는 데 도움이 될 만한 효과적인 방법을 찾는 노력은 필요하다. 이 책에 나와 있는 활동들이 도움이 될 것이다. 아이들의 사고를 자극하고, 흥미로운 토론을 불러일으키며 동시에 가족 간에 강한 유대감을 형성해줄 것이다.

이 책에는 복잡한 도표나 별표 또는 목록이 없다. 심지어 이 책을 일주일에 한 번이나 한 달에 한 번 또는 일 년에 세 번 정도만 펼쳐본다 해도 아이들은 여기에서 배운 내용을 오래도록 기억할 것이다. 그리고 조금만 더 노력을 기울여 이 책에서 소개하는 활동들 중 한 가지만이라도 시도해본다면, 아이들과 10분 내지 15분 동안 참으로 의미 있는 경험을 하게 될 것이다. 아마 그날 밤은 가족 모두가 흐뭇한 미소를 지으며 잠자리에 드는 특별한 밤이 되지 않을까.

말보다 직접 체험하는 것이 더 효과적이다

가끔 우리는 말로만 해놓고 가르쳤다고 오해하는 경우가 있다. 말로 가르치는 것이 가장 비효과적인 방법임을 잊은 채 우리는 아이들에게 모든 것을 조목조목 가르치고 모든 것을 자세히 설명해야 한다고 생각한다. 그러나 일반적으로 아이들은 우리가 말해주는 것의 상당 부분을 이해하지 못하기 때문에 우리가 이야기를 시작한 지 몇 분만 지나면 귀담아듣지 않게 된다. 사실 '당신이 하는 말을 아이가 듣지 않기를 바란다면 그 아이에게 계속해서 말만 하라'는 속담이 있다.

이와 관련하여 세 살짜리 딸을 둔 한 어머니의 이야기가 있다. 어느 날 집 밖에서 자전거를 타려고 하는 딸에게 어머니는 '집 앞 인도에서 자전거를 타는 것은 괜찮지만 모퉁이를 지나가서는 안 된다'고 말했다. 하지만 딸아이는 문밖으로 나가더니 엄마가 지켜보고 있는데도 불구하고 재빨리 길 위쪽으로 올라가서 모퉁이를 돌아나가는 것이었다. 엄마가 깜짝 놀라 달려가서 딸을 잡고 모퉁이를 지나간 것에 대해 아이를 꾸짖었다. 그리고 나서 다시 모퉁이를 지나면 안 된다는 주의를 강하게 주었다. 딸아이는 몇 분 동안 엄마의 말대로 집 앞에서만 자전거를 탔다. 하지만 곧 그 모퉁이를 다시 넘어갔다. 엄마는 또다시 아이에게 달려가 화를 내며 "너 왜 엄마 말을 안 듣니? 엄마가 이 모퉁이를 지나가지 말라고 그랬지!"라고 소리쳤다. 그러자 딸아이는 놀란 눈으로 엄마를 쳐다보면서 자그마한 목소리로 "엄마, 근데… 모퉁이가 뭐야?"라고 묻더라는 것이다.

이 어머니는 자기 나름대로 아이에게 도움이 되는 얘기를 하였고 의미가 충분히 전달된 것으로 생각했다. 하지만 핵심적인 단어인 '모퉁이'의 뜻을 모르는 딸아이에게는 별 소용이 없었던 것이다. 우리 부모들이 많이 하는 훈계도 이와 별반 다르지 않을 것이다.

그렇다면 어떻게 해야 효과적으로 가르칠 수 있을까? 학습은 일반적으로 미리 계획되었거나 혹은 계획되지 않은 사건과 활동들 그리고 모험과 발견 등을 통해 일어난다. 특히 유아들은 우선 만져 보고 그것을 입 안에 넣는 등의 행동을 통해 학습을 시작한다. 이것이 바로 '운동감각적 학습 스타일'이다. 아이가 좀 더 자라면 눈으로 볼 수 있는 시각적 능력이 세상을 배우는 중요한 열쇠가 되고 이어 청각적 능력을 통해 자신의 환경에 접근한다. 그리고 성인기에 이르면 운동감각, 시각, 청각 중 어느 하나를 좀 더 선호할 수는 있지만 이 세 가지 모두를 통합적으로 사용하여 학습을 하게 된다.

공자님 말씀에 "들은 것은 잊어버리고, 본 것은 기억하며, 직접 해본 것은 이해한다."라는 말이 있다. 이는 세 가지 감각 중 무엇을 통해 학습이 이루어지는가에 따라 그 효과가 다르게 나타난다는 것을 의미한다. 무엇인가의 전체적 의미를 파악하고자 한다면 그것을 직접 해보고, 참여하고, 모든 감각을 사용함으로써 가능하다.

가족 간의 유대, 목표 설정, 남에게 친절을 베푸는 일 등 추상적인 가치를 아이들에게 가르치는 것은 결코 쉬운 일이 아니다. 하지만 이 책에 나오는 놀이와 활동들을 활용하면 보다 효과적으로 가르칠 수 있을 것이다. 손으로 만질 수 있는 구체적인 물건들을 이용하기 때문에 아이들은 추상적 개념을 생생한 이미지와 연결하여 오랫동안 그 기억을 유지한다. 이처럼 구체적으로 지각할 수 있는 사물을 이용하면 아이들에게 추상적인 철학적 원리나 정서적인 내용을 효과적으로 가르칠 수 있다.

여러분의 자녀들은 이 활동에 참여하면서 스스로 교훈을 발견해 나갈 것이다. 그리고 여러분은 질문, 시각적 자극, 재미있는 놀이 등을 통해 아이가 스스로 결론에 이를 수 있도록 격려하게 될 것이다. 즉 여러분이 아니라 아이가 먼저 얘기하고 결론을 내리는 방식으로 진행하는 것이다.

강의는 없다. 단지 함께하는 대화가 있을 뿐이다. 아이는 배우고 있다는 생각조차 없이 자연스럽게 중요한 가치들을 배우게 될 것이다. 게다가 이것을 가르치기 위해 부모가 많은 이야기를 할 필요도 없다.

이 책을 효과적으로 사용하는 방법

이 책에 있는 활동들은 자녀와 자연스럽게 대화를 시작할 수 있는 좋은 발판이 될 것이다. 또한 여러분이 전달하고 싶은 가치들을 편안하고 창의적이며 재미있게 자녀와 나눌 수 있도록 해줄 뿐만 아니라 아이가 가치들에 대한 자신의 생각과 느낌을 편하게 표현할 수 있는 기회도 제공한다.

이 책은 크게 열두 마당으로 구성되어 있으며 각각 우선순위와 소중한 것, 잠재력과 자존감, 긍정적 자세, 정직과 성실성, 사랑과 친절, 좋은 습관 기르기, 목표 세우기, 화합과 협력, 감사, 용기, 존중과 예의, 신뢰와 믿음이라는 가치를 다루고 있다. 그리고 각 마당에는 해당 가치를 가르칠 수 있는 활동들이 4~5가지 정도씩 포함되어 있다. 각각의 활동에 대한 설명은 2~4페이지 정도로 분량이 그다지 많지 않으므로 보다 효과적으로 진행하려면 전체 내용을 미리 읽어두는 게 좋은데, 한 가지 유의할 것은 여기에 소개된 모든 활동이 여러분 자녀에게 적합하다거나 진행이 잘 될 것이라고 말할 수는 없다는 점이다. 어떤 활동은 가족들이 함께 어울려 즐거운 시간을 보내면서 서로에 대한 사랑을 확인하는 데에 의의를 둔 것도 있고 또 어떤 활동은 과연 아이들이 이해할 수 있을까 하는 걱정이 되는 것도 있다. 하지만 대부분의 활동들은 어린 아이를 둔 가정에서 쉽게 시도해볼 정도로 간단하다.

여기에 제시된 활동들은 꼭 순서대로 해야 하는 것은 아니다. 우선 책장을 넘기며 쭉 훑어본 다음, 여러분의 흥미를 끌거나 가족에게 적합하다고 판단되는 활동부터 해도 무방하다. 이후 더 가능하다면 다른 활동들로 나아가라. 일주일에 한 번 또는 한 달에 한 번씩 시간을 정해놓고 해보자. 더 효과적인 시기는 자녀가 어떤 특별한 문제와 씨름하고 있을 때이다. 해당 문제와 관련 있는 활동을 찾아 아이와 함께 해보면 의외로 문제가 쉽게 해결될 수 있다. 걸리는 시간은 대략 10분 안팎이 될 것이다. 또한 한 번에 한 가지의 가치를 선정하고 그와 관련한 몇 가지 활동들을 해보는 것도 추천하는 방법이다.

특별한 준비물은 필요하지 않을 것이다. 대부분 집안에 있는 잡동사니나 서랍을 열어보면 있을 만한 것들이다. 잔돈, 이쑤시개, 자, 양초, 풍선, 바느질실, 신문지 같은 것들로 우리 일상에서 어렵지 않게 구할 수 있다. 그리고 정해진 일정표나 복잡한 계획에 따라 진행해야 하는 것도 아니다.

 이 활동들을 하면서 직면하게 될 어려움 중 하나는 함께 참여한 서로 다른 연령층의 아이들에게 지속적인 흥미를 갖도록 하는 것이다. 그런데 이 책에 나와 있는 교훈적인 내용은 다양한 수준과 연령층에 맞게 짜였기 때문에 큰 걱정은 하지 않아도 될 것이다. 아주 어린 아이들은 기본적인 원칙들을 배울 것이고, 좀 더 큰 아이와 청소년들은 이미 익숙한 개념들을 새롭게 생각해보는 기회를 가지게 될 것이다. 심지어 활동에 참여하는 어른들도 자녀들의 생각을 접하면서 사물을 보는 신선한 관점을 만나게 된다. 이처럼 이 활동에 참가하는 모든 사람들은 각자의 지적 수준과 연령에 맞게 스스로 의미화를 하면서 배우게 된다.

 끝으로 이 책의 뒷부분에는 '명언'을 정리해놓은 것이 있다. 이 명언들은 여러분이 자녀와 함께 토론한 가치들의 의미를 상기할 수 있는 것으로 책에서 잘라내어 냉장고나 게시판에 붙여놓고 수시로 읽으면 좋다. 한 번에 하나씩 붙여놓고 몇 주 동안 그것을 보면서 그 의미를 마음속으로 새겨보기 바란다. 이런 것이 무슨 효과가 있을까 하는 의문이 들 수도 있겠지만 나는 여러분에게 명언 새기기 활동을 적극 권하고 싶다. '명언' 부분을 잘 활용하면 부모로서 새겨야 할 중요한 원칙들을 늘 기억할 수 있다. 그리고 이러한 명언들은 자녀가 앞으로 세상을 살아가면서 필요할 때 힘과 지혜를 얻는 '도덕적 기억 은행'의 역할을 할 것이다.

1마당

우선순위와
소중한 것

활동 1 가장 소중한 것

활동 2 순서가 중요해

활동 3 달콤한 속임수

활동 4 인생 저울

활동 5 황금알 찾기

아이들에게 주는 명언 한마디

인생에서 가장 중요한 것은
물질적인 것이 아니다.

 부모들에게 주는 명언 한마디

우리가 갖지 못했던 것을 아이들에게 주고 싶어 급급하면
우리가 이미 지닌 소중한 것들을 주는 데 소홀하게 된다.

부모님의 결혼 50주년이 다가오자 우리는 몇 달에 걸쳐 부모님의 금혼식 행사를 준비했다. 금혼식 헌사, 두 분이 함께한 시간을 담은 영상 그리고 다양한 음악 등 멋진 프로그램들이 계획되어 있었다. 행사의 마지막은 23명의 손자 손녀들이 영화 〈지붕 위의 바이올린〉에 나오는 주제곡 〈Sun rise, Sun set〉에 맞춰 한 명씩 걸어와서 할아버지, 할머니께 장미 한 송이씩을 바치며 뺨에 키스하는 것으로 준비되었다. 우리 집안 식구들 모두에게 잊지 못할 밤이 되리라 기대하고 있었다.

그런데 바로 그날 우리 아들 이안의 친한 친구 케빈으로부터 전화가 걸려 왔다. 그때는 여름이었고, 케빈 가족은 샌터크루즈 해변의 가족 별장으로 일주일간 휴가를 갈 예정이었는데 이안도 같이 가자고 초대한 것이다. 해변 산책로도 걷고, 제트 스키도 빌려 타면서 일주일간의 휴가를 신나게 즐길 계획이었다. 그런데 운 나쁘게도 해변으로의 휴가와 부모님 금혼식 행사 기간이 겹쳐버린 것이다. 이안은 두 군데를 다 가고 싶어 했지만 하나를 선택해야만 했다.

우리는 '선택과 우선순위 그리고 가족의 가치'에 대해 이안과 얘기를 나누었다. 결국 이안은 무엇이 더 중요한지 심시숙고한 후 '해변 별장으로의 휴가를 포기하고 가족 모임에 참석한다'라는 결정을 내렸다. 이안은 금혼식이 할아버지와 할머니에게 얼마나 중요한 의미를 갖는지 알고 있었고 바다는 나중에 얼마든지 갈 수 있다고 생각했기 때문이었다. 재미있는 휴가를 포기하고 의무적인 가족 행사를 선택하는 것은 결코 쉬운 결정은 아니었을 것이다. 그러나 지금 이안은 할아버지, 할머니와 그 자손들이 모두 함께 보냈던 그 밤의 멋진 추억을 소중하게 간직하고 있으며 그때 내렸던 결정이 옳았다는 걸 알고 있다.

성공, 부, 외모, 명성 그리고 '물질적인 것'을 얻는 일에 과도하게 가치를 두는 요즘 세상에서 아이들은 정말 소중한 것이 무엇인지 혼란을 겪을 수 있다. 입는 옷이나 타는 차가 아니라 사람 자체를 보고 판단하고, 친구하고 노는 것보다 가족과의 행사가 우선이며, 심지어 CD나 테이프 하나를 사는 것보다 악기 다루는 법을 배우는 데 시간을 쏟는 것이 더 만족스러울 수 있다는 사실을 물질에 가치를 두는 사회에서 아이들에게 납득시키기란 쉽지 않다. "우리가 자랄 때와는 세상이 많이 달라졌어요. 아이들 방에는 컬러 TV, VCR, CD 플레이어, 휴대폰이 있잖아요. 이제는 아이들에게 '방에서 반성하고 있으라'고 하려면 아이 방이 아닌 제 방에 가둬야 할 지경이에요."라고 어떤 아빠는 하소연했다. 오늘날 아이들은 자신이 갖고 싶은 것 외에는 모두 "싫어요."라고 말하는 경향이 있다.

오늘날 아이들(그리고 어른들)에게 '인생에서 가장 소중한 것은 물질적인 것이 아니다'라는 사실을 납득시키기란 정말 어렵다.

세 명의 자녀를 둔 싱글맘 수잔 월포드는 몇 년 전 크리스마스 기간에 큰 좌절감을 느꼈다고 말했다. 수잔은 7세, 10세, 12세인 세 자녀가 쓴 '받고 싶은 선물 목록'을 보고 매우 당황스러웠던 것이다. 그 목록에는 장난감, 게임, 운동용품 그리고 지난 몇 달 동안 광고에 자주 등장한 전자 제품들, 옷, 신발, 개인용품 등이 가득 적혀 있었다. 집안의 경제 사정상 아이들이 원하는 것을 다 사줄 형편은 안 되었지만 그렇다고 아이들을 실망시키고 싶지도 않았다. 얼마 전 수잔은 아이들이 친구들과 작년 크리스마스 때 받은 선물에 대해 얘기 나누는 것을 우연히 듣게 되었다. 누가 더 많이 받았는지, 무엇을 받았는지 등에 대해 서로 비교하였는데 분위기상 우리 아이들이 다른 친구들보다 선물을 적게 받은 것 같았다.

이 모든 일들을 겪으면서 수잔은 자신의 가족이 크리스마스 상업주의에 너무 물들어가고 있으며, 이로 인해 크리스마스가 지닌 본래 정신을 잃고 있다는 생각을 자주 하게 되었다. 아이들이 별로 중요하지 않은 것들에 너무 신경 쓰는 것이 걱정되었다. 그래서 수잔은 냉장고에다 이런 인용구를 하나 붙였다.

"자신의 부를 소유한 재산에 의해서가 아니라 돈을 주고도 살 수 없는 것으로 측정하라."

수잔은 아이들이 새로운 경험을 통해 생각을 바꾸는 기회를 갖지 않는다면 절대 이 말의 의미를 이해하지 못할 것이라는 걸 깨달았다. 그래서 그녀는 이번 크리스마스에는 아이들에게 색다른 경험을 선물하기로 마음먹고 11월 말에 가족들과 함께 '가장 소중한 것 찾기' 프로그램을 진행했다.

활동 1

가장 소중한 것

참여 인원 2인 이상

나이 5세~성인

준비물
- 칠판 또는 큰 종이(1개)
- 분필 또는 연필(1개)

이 활동은 한 아이, 온 가족 혹은 한 반 학생을 대상으로 할 수 있다. 아이와 함께 앉거나 가족 구성원들을 한데 모아 질문을 한다. "공기와 물, 태양 이외에 사람이 없으면 살기 힘든 것은 어떤 게 있을까?" 조금 더 큰 아이들에게는 "인생을 살아갈 만한 가치가 있게 만드는 것들엔 어떤 것이 있을까?"라고 물어볼 수 있다. 시계 방향으로 한 사람씩 돌아가며 말하고, 각자 말하는 것은 칠판이나 큰 종이에 적는다.

목록이 늘어나도 아이들이 장난감, TV, 옷과 같이 물질적인 것들만 생각해낸다면 진행자가 친구, 가족, 사랑 등 눈에 보이지 않지만 의미 있는 것도 생각할 수 있도록 유도한다. "이것 덕분에 하루를 잘 살 수 있었다고 할 수 있는 게 어떤 게 있을까?" 혹은 "이것 덕분에 하루를 기분 좋게 지냈다 하는 게 뭐가 있을까?"라고 물어볼 수 있다. 아래는 이 활동에서 자주 나올 수 있는 단어들인데 가족마다 목록의 내용은 다를 것이다.

TV	장난감	식기세척기	연필
집	침대	컴퓨터	종이
자전거	냉장고	차	불
음식	핸드폰	전기	난방기
책	게임	비누	칫솔
학교	세탁기	화장품	옷
거울	돈	사랑	헤어드라이기
가구	신발	음악	가족
교회	인터넷	가게	수영장
청소기	스키	피아노	안경
약	영화	배움	배드민턴 라켓
친구	에어컨	전화기	축구공
보석	선생님		

목록을 다 만든 후에는, 게임 참여자들에게 차례대로 돌아가면서 그것 없이도 살 수 있을 것 같은 항목을 지우게 한다. 처음엔 삭제하기 쉬우나, 남아 있는 것들이 점점 생활에 기본적으로 필요한 것일수록 선택하기가 어려워진다. 물론 선택의 정답은 없다. 본인이 이것 없이도 정말 살 수 있다고 주장하면 그 선택을 존중하면 된다. 항목

이 하나 남으면 게임은 끝난다.

이 활동을 통해 아이들은 자기에게 정말 중요한 것이 무엇인지를 깨닫게 되고, 청소년과 성인들은 무언가를 깊이 생각하게 된다. 아이들에게 자신이 삭제하기로 선택한 이유를 설명해보게 하는 것도 좋다.

마지막 항목이 수영장이나 돈일 수도 있겠지만 가족, 친구, 배움, 또는 사랑이 될 수도 있다. 부모가 적절하게 반응하고 질문함으로써 가치 지향적인 항목이 마지막에 남도록 유도할 수 있다. 또한 이 활동은 당신의 가족들이 무엇을 가치 있게 여기는지에 대해 훌륭한 토론도 가능하게 한다.

무엇보다 이 활동의 핵심은 삶에서 진정한 행복과 안정을 가져다주는 것은 '물건'이 아니라는 것을 아이들이 생각해볼 수 있도록 하는 것이다.

수잔의 소감

수잔은 이 활동을 아이들과 하면서 의외로 많은 성과를 얻었다. 우선 의외로 음악이 끝까지 남아 있는 항목 중 하나인 걸 보고 아이들에게 음악이 얼마나 중요한지를 깨달았다. 그래서 그녀는 아이들이 집에서 다양한 음악을 접할 수 있도록 더 관심을 갖고, 문화센터에서 가끔 열리는 음악공연의 관람권을 구할 수 있는지 알아보기로 결심했다. 또한 컴퓨터도 오랫동안 남은 항목이었다. 수잔은 아이들이 얼마나 컴퓨터를 원하는지 그리고 컴퓨터가 없어서 그동안 얼마나 '상실감'을 느꼈는지 알게 되었다. 그녀는 목돈을 마련해서 최우선적으로 컴퓨터를 사야겠다고 조용히 다짐했다.

마침내 아이들과 많은 이야기를 나눈 후 최종 항목으로 남은 것이 '가족'이 되자 수잔은 흐뭇한 미소를 지었다. 일주일 후, 그녀는 이 단원에 있는 다른 활동을 하나 더 해보고 나서 아이들에게 색다른 크리스마스 계획을 제안했다.

우선, 수잔은 다니는 교회를 통해서 그해 크리스마스 선물을 받지 못할 것 같은 어려운 가정을 파악했다. 그 가족은 어린 아이 둘과 아빠 세 식구인데 아빠는 8개월 전에 직장을 잃어 삼시세끼 끼니조차 때우기 어려운 형편이었다. 수잔은 아이들에게 자신이 받을 크리스마스 선물 중 일부를 이 어려운 아이들에게 선물로 주면 어떻겠느냐고 제안했다. 아이들이 처음에는 망설였지만, 몰래 선물을 할 계획을 논의하면서 재미있을 것 같다며 신나했다. 수잔은 이웃의 두 아이에게 줄 장난감과 옷을 사서 따로 포장하고 '너의 비밀 산타가'라는 이름표를 달았다.

크리스마스이브에 그들은 이 선물들을 조용히 그 집 앞에 놓아두고는 징글벨 소리를 가볍게 내면서 문을 두드렸다. 그리고 얼른 나무 덤불 뒤에 숨어 그 가족이 문을 열고 뜻밖의 선물을 발견하고는 환호성을 지르는 것을 지켜보았다. 집으로 돌아와 핫초코와 도넛을 먹으면서 수잔과 자녀들은 다음날 그 집 아이들이 선물을 열어보며 얼마나 좋아할지 그리고 이런 선행을 몰래 베푼 착한 이웃이 누구인지를 얼마나 궁금해할지에 대해 얘기하며 웃었다.

수잔의 아이들은 다음날 아침에 열어볼 그들 자신의 선물도 기대하고 있었다. 그들은 자신이 선물 목록에 쓴 것을 모두 받지 못해 잠시 실망스러워했지만 이내 그 희생의 의미를 이해한 것으로 보였다.

자기가 갖고 싶은 선물을 조금 줄여서 자기보다 불우한 이웃에게 행복을 선사했다는 것에 뿌듯해했다. 수잔의 아이들은 친구들과 '받은 선물 비교'를 하면서도 자신들이 했던 '마니또 산타 놀이'에 대해 자랑스럽게 얘기했다.

수잔이 더욱 감동한 것은 며칠 후 교회에서 이웃 아이들이 선물로 받은 옷을 입고 자랑스럽게 걸어오는 것을 본 때였다. 그 순간 분명 수잔의 아이들도 진정한 선물의 의미와 나눔의 기쁨을 느끼는 듯했다. 수잔은 이번 크리스마스가 세 자녀에게 오랫동안 기억될 것이라는 것을 알 수 있었다. 그리고 '가장 소중한 것' 찾기 활동이 이런 경험을 할 수 있게 해주었다는 사실에 감사했다.

당신 가족에게 다음과 같이 한 번 해보라. 가족 아무한테나 작년이나 재작년 크리스마스 때 받은 선물이 무엇인지 하나 말해보라고 한다. 그리고 다른 식구에게는 작년 생일에 무엇을 받았는지 말해보라고 한다. 대부분의 경우 사람들은 자기가 받은 선물에 대해서는 많이 기억하지 못한다. 그러나 다른 가족에게 몰래 선물을 전달했다거나 이웃집에 쿠키를 놔두었던 경험은 누구나 당시의 상황과 느낌을 상세하게 말할 수 있을 것이다. 사람들은 보통 물건이 아니라 경험을 기억하는데, 감정과 연결된 경험은 특히 강한 인상을 남긴다. 다른 이에게 기쁨을 주는 이벤트, 사려 깊은 행위 그리고 봉사 등을 체험하는 것은 아이에게 인생을 바꿀 수도 있는 강력한 경험이 된다. 이런 경험에 눈을 뜬 아이는 자라면서 자기 주변의 사람들에게 이런 경험을 자꾸만 선사하고 싶을 것이다.

활동 2
순서가 중요해

참여 인원 2인 이상

나이 5세 이상

준비물
- 투명한 유리병(1개)
- 호두알 또는 탁구공(여러 개)
- 쌀(유리병을 채울 만큼)
- 그릇(2개)

　이 활동을 시작하기 전, 미리 준비해둔 유리병에 호두(또는 탁구공이나 비슷한 사이즈의 물건)를 넣고, 그 위에 쌀을 부어 호두 사이사이에 빈 공간이 없도록 병 속을 가득 채운다. 그리고 나서 병을 모두 비우고 쌀과 호두를 분리해 두 개의 그릇에 따로 담는다.

　이렇게 준비가 끝나면, 아이들을 모아 유리병과 호두와 쌀이 무엇을 의미하는지 설명해준다. 유리병은 모든 사람에게 주어진 시간을 나타낸다고 말한다(유리병에 '24시간'이라고 스티커를 붙여도 좋다). 호두는 힘들거나 귀찮지만 꼭 해야 하는 일들 즉 집안일, 숙제, 연습 등을 나타내고, 쌀은 밖에 나가서 놀기, TV 보기 등 재미있고 쉬운 일이지만 반드시 해야 하는 것은 아닌 일을 의미한다.

설명이 다 끝나면, 한 아이를 앞으로 불러 호두와 쌀을 최대한 많이 유리병 안에 채워보라고 한다. 아이는 아마 쌀을 먼저 넣은 후 호두를 몇 개 넣을 것이다. 그러나 호두를 먼저 넣지 않는 한 주어진 호두와 쌀을 모두 유리병에 넣을 수는 없을 것이다. 미리 방법을 얘기해주지 않은 채 아이가 생각하는 최선의 방식대로 하도록 놔둔다. 만약 아이가 모두 넣기에 실패한다면, 그날 아이는 자신이 목표한 일을 모두 마치지 못했다는 것을 의미한다고 설명해준다.

여러 번의 시행착오 끝에 성공하는 경우도 있겠지만 아이들은 대부분 중간에 포기한다. 따라서 진행자는 유리병을 비우고 쌀과 호두를 다시 분리하여 성공적으로 유리병에 쌀과 호두를 모두 넣는 방법을 보여준다. 먼저 쌀이 아닌 호두를 유리병에 넣으면서 하루 일과 중 힘들고 귀찮게 느껴지더라도 꼭 해야만 하는 일들을 먼저 해야 한다고 설명한다. 그 다음에 쌀을 넣으면 되는데, 쌀은 쉽고 재미있지만 꼭 해야 하는 것은 아닌 일들임을 설명한다. 먼저 호두를 넣고 그 다음 쌀을 부은 후 유리병을 흔들어 호두 사이의 공간을 메운다. 이렇게 하면 남는 것 없이 모두 유리병 안에 들어간다.

만약 어떤 아이가 유리병을 '제대로' 채웠다면 어떤 생각으로 그렇게 했는지 물어봐 주고 그런 다음 함께 토론하면 좋다. 이 활동은 참가자들의 나이에 맞게 쉽게 조정할 수 있다. 나이가 든 아이들에게는 이것을 인생에 비유할 수 있다. 즉 인생에서 중요한 것들을 우선순위에 두고 먼저 실행하고, 필요하지만 중요하지는 않은 일들은 그 다음에 하는 것이 보다 성공적인 삶을 사는 지혜라고 설명해주는 것이다.

활동 3
달콤한 속임수

참여 인원 2인 이상

나이 3세 이상

준비물 • 맛있는 과일 (1인당 1조각씩)

• 사탕 (1인당 1개씩)

이 활동은 간단하지만 인생에서 어떤 것이 정말 중요한지에 관해 좋은 토론거리를 제공해준다. 먼저 아이들에게 미리 준비한 과일과 사탕을 보여준다. 이때 준비한 과일과 사탕은 아이들이 좋아하는 것이어야 한다. 아이들에게 각자 좋아하는 것을 선택하게 하고 왜 그것을 선택했는지 물어본다.

그 다음에는 아이들이 선택한 과일이나 사탕을 각각 하나씩 나눠준다. 사탕을 선택한 아이들에게는 실제 사탕을 주면서 이렇게 얘기해준다. "너희는 먹으면 바로 기운이 생기는 사탕을 선택했구나. 사탕은 아주 달콤하고 먹기도 편하지. 하지만 사탕은 몸에 필요한 영양소가 적거나 아예 없단다. 그래서 몇 분만 지나면 그걸 또 먹고 싶어진단다."

과일을 선택한 아이들에게는 이런 이야기를 해준다. "과일을 먹어도 기운이 생긴단다. 물론 맛도 좋지. 더욱이 과일은 비타민C도 풍부해서 먹으면 기분도 좋아지고 장기적으로 몸에 유익하단다." 혹 모든 아이들이 어느 한 가지만 선택하는 경우에도 과일과 사탕의 가치를 모두 설명해준다.

이제 아이들에게 과일이냐 사탕이냐의 선택이 인생에서 맞이하게 되는 선택의 기로와 어떻게 비유될 수 있는지 물어보라. 아이들의 대답을 듣고 나서 만약 그 대답과 이유가 핵심을 놓친 것이라면 부모의 생각을 보탠다.

우리의 삶은 온통 선택할 것들로 가득 차 있다. 그 선택에는 대부분 즉각적인 만족을 주지만 지속적인 가치를 주지는 못하는 것과 즉각적인 만족은 주지 못하더라도 지속적인 가치를 주는 것 두 종류가 있다. 아이들에게 이런 선택의 예로는 어떤 것이 있을지 물어본다. 아래에 제시한 것과 같은 상황을 아이들의 나이에 맞게 들려주고 각 상황에서 가장 현명한 선택은 어떤 것일지 생각해보도록 한다. 각 상황에서 즉각적인 만족을 주는 선택(사탕 같은 것)과 장기적인 만족(과일 같은 것)을 주는 선택은 어떤 것인지 얘기 나누어본다.

- 방과 후에 바이올린 연습을 45분간 하도록 생활계획을 짰는데 친구가 새로 나온 재미있는 비디오가 있다며 같이 보자고 한다.
- 인라인 스케이트를 사려고 용돈을 모으고 있는데 오락실 앞을 지나다가 주머니 속에 있는 용돈 5천원을 게임에 쓰고 싶어졌다.
- 친구와 전화하면서 재미있게 이야기하고 있는데 어머니가 저녁 식

사 준비를 도와달라고 하셨다. 이제 통화한 지 10분정도밖에 되지 않았고 하고 싶은 말도 아직 많이 남아 있다.
- 친구들과 재미있게 놀고 있는데, 부모님이 할아버지가 입원해 계시는 병원에 함께 가자고 하신다. 친구와 함께 놀고 싶다.
- 학교에서 과학 전시회를 개최하는데, 선생님이 학급 아이들에게 과학 프로젝트를 수행하는 것은 좋은 학습 경험이라고 말씀하셨지만 의무적인 것은 아니라고 하셨다. 부모님이 이 사실을 아시면 과학 전시회에 참여하라고 말씀하실 것이 뻔하다. 그래서 과학 전시회에 대한 알림장을 부모님께 보여주지 않을 생각이다. 과학 프로젝트를 준비하는 것보다 방과 후에 친구들과 농구를 하는 것이 더 좋기 때문이다.

활동 4
인생 저울

참여 인원 2인 이상

나이 5세 이상

준비물
- 작은 지퍼백(1인당 2개씩)
- 철사 옷걸이(1인당 1개씩)
- 동전(1인당 30-50개씩)
- 종이테이프(약간)
- 네임펜(1인당 1개씩)
- 고리 또는 못(1인당 1개씩)

먼저 작은 지퍼백 2개에 종이테이프를 붙이고 하나에는 '스트레스(stress)'라고 적고 다른 하나에는 '즐거움(pleasure)'이라고 적는다. 옷걸이 양쪽 끝에 지퍼백을 하나씩 걸어 잠근다. 당연히 지퍼를 완전히 잠글 수는 없겠지만 고정만 되면 괜찮다. 옷걸이를 고리나 못에 걸면 좌우 균형이 잡힐 것이다. 이제 이것은 당신의 인생저울이다.

준비한 동전 하나하나에 종이테이프를 작은 정사각형 모양으로 붙인다. 식구들에게 각자의 동전에 현재 하고 있는 활동들(게임, 인터넷, 수영, 피아노, TV 시청, 축구 등)과 앞으로 하겠다고 약속한 것들(운동, 봉사활동, 6시 기상, 다이어트 등) 그리고 일상의 과제들(등교, 집안일, 숙제, 일 등) 등을 적도록 한다.

이제 한 사람씩 돌아가면서 자신의 생활이 균형 잡혀 있는지 확인하는 활동을 한다. 먼저 한 사람이 자기 동전 중 하나를 집어 거기에 적힌 것이 자신에게 즐거움을 주는지 아니면 스트레스를 주는지 판단한 후 해당되는 지퍼백에 동전을 넣는다. 각각의 활동이 자신에게 어떻게 느껴지는지는 스스로 결정할 수 있도록 한다. 동전을 다 넣고 나면 자신의 삶이 균형 잡힌 상태인지 불균형한 상태인지 분명해질 것이다.

이 활동을 통해 아이 또는 다른 가족 구성원들과 인생의 균형을 되찾기 위해 무엇을 해야 할지에 대해 얘기 나눌 수 있을 것이다. 어쩌면 아이는 스트레스의 원인이 되는 활동을 한두 개 없앰으로써 자신의 인생이 더 즐거워지도록 만들 수도 있다. 그것은 컴퓨터 게임 시간 줄이기와 같은 간단한 것일 수도 있다. 또한 이 활동은 피아노 연습이나 숙제하기처럼 당시엔 스트레스처럼 느껴지는 활동들도 장기적으로는 인생에 즐거움과 만족을 가져다줄 수 있다고 생각하는 계기가 될 수도 있다.

활동 5
황금알 찾기

참여 인원 4인 또는 그 이상(한 팀이 이상적)

나이 3세 이상

준비물
- 부활절 달걀 또는 색종이 달걀(1인당 8~10개씩, 5가지 색깔)
- 페인트로 칠해진 황금알 또는 색종이 황금알(1개)
- 바구니 또는 도시락 가방(1인당 1개씩)
- 점수표가 적힌 종이(1장)

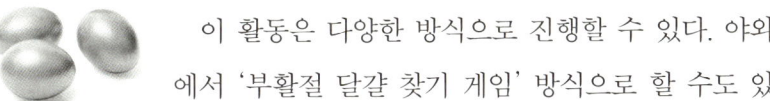

　이 활동은 다양한 방식으로 진행할 수 있다. 야외에서 '부활절 달걀 찾기 게임' 방식으로 할 수도 있고, 색종이를 오려 만든 달걀로 실내에서 할 수도 있다. 부활절이 아닌 다른 기간에도 얼마든지 재밌는 활동으로 진행할 수 있다. 이때 숨기는 물건은 꼭 계란이 아니어도 된다. 색종이로 만든 네모 모양, 토끼, 하트 혹은 원하는 모양 어떤 것이라도 가능하다.
　여기에서는 '부활절 달걀 찾기 게임' 방식으로 진행 방법을 설명해놓았으니 각 상황에 맞게 적절하게 응용하면 된다. 미리 다섯 가지 색(예: 분홍색, 파란색, 초록색, 노란색, 주황색)으로 칠해놓은 부활절 달걀을 많이 준비한다. 참가자 1인당 8~10개에 해당하는 달걀이 필요하다. 그리고 금색 페인트나 반짝이 혹은 금박을 입힌 황금계란 하나를 준비한다. 이제 계란을 이곳저곳에 모두 숨기고 아이들에게 각각 가방이나 바구니를 하나씩 준 후, 숨겨진 계란을 찾아 담도록 한다. 이 게임을 시작하기 전에 다음의 규칙을 설명해준다.

- 부활절 달걀을 찾아 점수를 모으는 게임이다. 점수를 가장 많이 받은 사람이 승리한다.
- 달걀은 색깔에 따라 점수가 다르다. 그러나 색깔별 점수는 진행자만 안다.
- 황금 알은 하나이다.
- 달걀 찾기 게임을 시작하여 몇 개쯤 모으고 나면 어떤 색상의 달걀이 가장 점수가 높을지 각자의 판단에 따라 서로 달걀을 교환할 수 있다.
- 게임이 끝난 뒤, 진행자가 색상별 점수를 알려주면 아이들은 자기 점수를 계산한다.

게임을 마치면 점수표를 보여준다(점수는 상황에 따라 고칠 수 있다).

- 파랑 달걀 = 1점
- 초록 달걀 = 5점
- 노랑 달걀 = 10점
- 분홍 달걀 = 20점

- 주홍 달걀 = 50점
- 황금 달걀 = -100점
- 다섯 색 모두 모은 경우 = 100점
- 모두 한 색인 경우 = 1,000점
- 각 색 별로 하나씩 모은 경우 = 500점
- 가장 많은 달걀을 모은 사람 = 100점
- 가장 적은 달걀을 모은 사람 = 1,000점

승자가 확정되면, 둥글게 둘러앉아 아래 질문이나 관련된 주제에 대해 토론한다.

- 어떤 것의 가치를 먼저 알고 난 후, 손에 넣거나 경험하는 게 더 좋은가? 그 이유는 무엇인가?
- 우리는 인생에서 어떤 것의 진정한 가치를 어떻게 알게 되는가?
- 세상에서 가치 있다고 여기는 것으로는 어떤 것들이 있을까?
- 자신의 인생에서 가장 가치 있다고 여기는 것은 무엇인가?
- 다음 문장은 어떤 점에서 인생에 대한 적절한 비유라고 생각하는가?

> 인생은 도둑이 든 보석점과 같다. 그런데 그 도둑이 보석을 훔치지 않고 가격표만 싹 바꿔놓았다. 가치가 높은 것은 저렴한 가격이 매겨졌고 아무런 가치가 없는 것에는 너무 높은 가격이 매겨졌다.

매일 우리 아이들은 어떤 것이 더 중요한지에 대한 선택과 마주한다. 그리고 순간순간 하는 선택은 궁극적으로 그 아이 인생의 질을 결정한다. 그러므로 부모는 자녀들로 하여금 자신의 의사 결정 능력을 향상시키고, 선택에 따른 결과를 이해할 수 있는 능력을 키울 수 있도록 많은 기회를 만들어주어야 한다. 그러나 무엇보다 자녀에게 가장 큰 영향을 미치는 것은 백 마디 말이 아닌 부모가 삶 속에서 직접 보여주는 모습이다. 현명한 결정을 내리고, 사려 깊게 우선순위를 설정하며, 도덕적 가치관을 세우고 지켜나가는 본보기를 보이는 것이 가장 중요하다.

2마당

잠재력과 자존감

활동 6　사과 속 씨앗

활동 7　사람의 가치

활동 8　나는 누구인가

활동 8　숨겨진 보물 찾기

활동 10　팝콘 나누기

아이들에게 주는 명언 한마디

사과 한 개에 씨앗이 몇 개인지는 셀 수 있지만,
사과 씨앗 한 개에 사과가 얼마나 열릴지는 알 수 없다.

 부모들에게 주는 명언 한마디

아이들은 부모가 자신에게 한 말은 잊어버릴 수 있지만,
자신에게 느끼게 한 감정은 결코 잊지 않는다.
— 칼 부에너

최근에 세 자녀를 키우는 어느 아버지가 저녁 식사 때 있었던 일을 내게 말해주었다. "일곱 살인 스테파니가 스파게티와 미트볼을 한 그릇 더 먹겠다고 했지요. 그런데 미트볼만 골라 먹는 거예요. 그래서 제가 파스타도 함께 먹으라고 잔소리했어요. 아이는 계속 미트볼만 찾으면서 '싫어요. 미트볼만 먹을 거예요'라며 고집을 부리더군요. 그러자 화가 난 다섯 살짜리 존이 누나에게 한마디 하더군요. '누나, 난 로저스 아저씨의 말을 신경 쓰지 않아. 누난 특별한 사람이 아니야'(존은 텔레비전 미트볼 광고에서 특별한 아이들이 미트볼을 먹는다는 로저스 아저씨의 말이 생각난 것이다)."

어린 아이들은 자신이 세상에서 하나밖에 없는 보석이라는 믿음과 동시에 발에 차이는 돌처럼 흔한 존재라는 잔혹한 현실 사이에서 정체성의 혼란을 겪다가 나름의 자아상을 받아들이게 된다.

부모로서 아이들의 이런 모습은 익숙할 것이다. 당신의 딸이 학교에서 돌아와 책을 마룻바닥에 내동댕이친다. 아이는 수학 시험공부를 열심히 해서 최고점을 받을 것이라고 생각했지만 시험이 가까이 다가오자 심리적 압박감이 심해졌다. 아이는 공부에 집중할 수 없게 되고 시험을 망쳤다. 아이는 "나는 왜 이렇게 멍청하지?"라고 자신을 비하한다. 아이는 몇 년 동안 학교 교과과목들과 씨름하다가 공부에 소질이 없다고 단념하고 포기해버린다.

우리는 이처럼 자신을 부정적으로 평가하는 아이들의 말을 들어봤을 것이다. "엄마, 난 우리 반에서 제일 뚱뚱해요. 내 머리는 왜 이 모양이에요? 아빠, 엘리는 야구팀에 들어갔는데 난 왜 잘렸죠? 쉬는 시간에 뛰었다고 선생님한테 또 혼났어요. 과학 프로젝트에서 '3등'밖에 못했어요. 왜 나는 니키의 생일파티에 초대받지 못했을까요?"

아이들에게 세상은 아주 거칠다는 것을 부모는 너무도 잘 알고 있다. 친구와 선생님과 가족과 보내는 일상의 경험에서 아이들은 상처를 입고 자존감이 조금씩 무너질 수 있다. 또한 아이들은 눈 밖에 날 행동을 하거나 아예 내놓은 아이가 되기도 하지만 부모는 아이들의 인생에 중요한 '거울'이라는 사실을 잊어서는 안 된다.

아이들은 부모 눈에 비치는 자기 모습을 봄으로써 자아상의 상당 부분을 키운다. 긍정적인 반응은 긍정적인 자아상을 만든다. 모든 아이들은 세상에 보여줄 만한 독특하고 놀랄 만한 뭔가를 가지고 있다. 그리고 자기만의 장점과 가치를 아이가 알아채도록 해주는 역할을 부모보다 더 잘할 수 있는 사람은 없다.

 비결은 아이들이 부모에게 얼마나 기쁨을 주는 존재인지를 한두 마디로 표현할 수 있는 방법을 찾아내는 것이다. 부모와 아이들이 차 안에서 함께 시간을 보내든, 전자레인지로 저녁을 만들어서 함께 먹든 간에 언제든지 방법은 찾을 수 있다. "아이들이 뭔가 잘할 때 바로 칭찬하세요."라는 말을 들어보았을 것이다. 아주 간단하지 않은가. 하지만 칭찬해줄 행동을 하나 찾으면 못마땅한 점이 10개나 더 눈에 들어온다. 학교 성적은 좋아도 "저녁은 뭐예요?"가 집에서 하는 유일한 말인 아이에게 부모는 칭찬할 말을 찾기가 쉽지 않다.

 부모가 다시 한 번 아이들의 긍정적인 면에 초점을 맞추고자 결심을 할 때, 아이들마다 성장 속도와 스타일이 다르다는 것을 명심하는 것이 중요하다.

 아이들 간에 특히 형제자매 간에 비교를 하는 것은 좋지 않다. 부모의 과거 경험, 개인적인 소망, 문화적인 가치에 따라 생긴 각 자녀에 대한 기대치는 그 아이를 판단하는 척도가 된다. 아이들은 부모의 기대치에 압박감을 느끼지만 안타깝게도 그 기대치가 정당한 것인지 의문을 갖는 경우는 드물다. 대신에 아이들은 자기가 부모의 기대에 부응할 수 있을지 의문을 갖기 시작한다.

 다섯 아이의 어머니인 게일 올슨은 그녀가 가꾸는 장미 정원에 있다가 어느 날 문득 깨달은 바가 있었다. 정원에는 75그루의 장미가 있다. 꽃들이 피면 색깔과 향기가 너무나 다양하다. 그녀가 가지치기를 하고 있었을 때, 그녀는 단단히 닫힌 초록색 꽃봉오리를 손으로 만지면서 봉오리 하나하나가 완전히 다 피면 어떤 모습일까를 상상했다. 주홍색, 연분홍색, 짙은 노랑 등 이런 색깔을 머금고 내뿜는 향긋한 향기는 장미꽃 다발로 피어나기도 하고 장미향의 차가 되기도 한다.

올슨 앞에 있는 실제 꽃봉오리는 색깔이 없고, 향기도 없고, 부드러운 감촉도 없다. 하지만 감히 누가 장미 꽃봉오리를 추하다고 말할 수 있을까? 이런 섬세하고 다 피지 못한 아름다움이 색깔과 향기가 부족하다고 해서 열등하고 결핍된 존재라고는 할 수 없다. 그 꽃봉오리들은 만개한 장미꽃과는 성숙의 단계가 다르다. 마찬가지로 그런 형태의 변화는 아이들마다 속도와 시기가 서로 다르다 할지라도, 모든 아이들은 내면에 가장 사랑스러운 꽃과 같은 눈부시고 찬란한 아름다움을 간직하고 있다. 꽃봉오리를 만개한 꽃과 비교하거나 때가 되기도 전에 단단한 초록색 꽃망울을 억지로 벌리지 말고, 정원에서든 아이들에게서든 잠재력에 감탄할 필요가 있고 각 단계의 아름다움을 볼 줄 알아야 한다.

아동 심리학자인 로렌스 커트너는 이렇게 말했다. "아이의 자아상은 한 장의 스냅 사진이라기보다는 스크랩북에 더 가깝다. 아이가 자라남에 따라 스크랩북에 수많은 모습들이 철해진다. 이런 사진의 숫자와 다양성이 스크랩북 안의 그 어떤 개별 사진보다 훨씬 더 중요하다."

그래서 아이들은 마치 로켓 과학자들이 사는 세상에 홀로 남게 된 포레스트 검프처럼 자신의 내면적인 강인함과 독특함을 의심하게 되는 경우가 있다. 아이들에게 자신이 가지고 있는 존재 가치에 대해 새로운 관점을 심어줄 수 있는 다음의 몇 가지 활동을 시도해보라.

활동 6
사과 속 씨앗

참여 인원 2인 또는 그 이상

나이 5세 이상

준비물 • 사과(여러 개, 크기와 색깔, 모양이 서로 다른 것)

• 과도(1개)

 아이들에게 준비한 사과를 몇 개 보여주면서 크기, 색깔, 모양이 서로 다르다는 것을 강조한다. 사과 한 개 정도는 쭈글쭈글하거나 흠집이 나도 괜찮다. 사과를 반으로 쪼개되, 평소대로 세로로 자르지 말고 그림처럼 가로로 자른다. 아이에게 잘려진 사과의 단면에서 무엇을 보았는지 묻는다. 모든 사과는 다섯 개의 꼭짓점을 가진 별 모양의 씨방이 있고 그 속에 씨앗이 들어 있다. 겉모양에 상관없이 모든 사과는 비슷하고 완벽한 별 모양을 가지고 있다는 것을 입증하기 위해 몇 개의 사과를 더 잘라 보아라. 사과를 한 개만 잘라도 증명이 되긴 하지만 아무래도 설득력은 조금 떨어질 수 있다.

사람도 사과와 비슷하다는 것을 설명한다. 사람들은 키, 피부색, 외

모, 나이와 같은 외형적인 특징이나 생김새가 서로 다르다. 그러나 사람들 각자의 내면에는 무엇인가 될 수 있는 잠재력이라는 씨앗은 다 같이 갖고 있다. 각자의 내면에 들어 있는 이 '별'이 우리 개개인을 특별하게 만든다. 사과 속에 들어 있는 씨앗이 자라 꽃이 피고 열매가 되듯이, 사람은 저마다 타고난 능력과 재능을 키워야 한다. 만약 우리가 그 재능을 잘 키워서 꽃 피우고 열매를 맺으면 어떤 분야에서 뛰어난 인재가 되는 것이다.

이 활동은 사람은 외모로만 판단되어서는 안 된다는 사실에 대한 토론으로 이어질 수 있다. 키, 성적, 피부, 외모나 나이로 친구를 판단하지 말고, 그 사람의 내면적 강인함과 선함을 살피는 법을 배워야 한다. '겉이 아니라 속을 들여다보는' 태도는 아이들에게(또는 어른들에게) 항상 자연적으로 생기는 것은 아니지만, 이처럼 사과 단면에서 본 '별' 모양은 천 마디 말보다 더 효과적이어서 아이의 마음의 눈에 하나의 씨앗을 심어주게 될 것이다.

이 활동을 통해 가족마다 얻는 것은 서로 다르겠지만 다음에 나오는 몇 가지 생각은 어린 아이들에게 이런 중요한 개념을 설명해주는 데 도움이 될 것이다.

- 너는 어떤 점에서 특별하니? (아이가 자연스럽게 말할 수 있도록 아이의 장점부터 시작한다)
- 지금보다 더 잘하고 싶은 것은 어떤 게 있니?
- 예쁘거나 잘생기지는 않았지만 착한 사람을 알고 있니? 아이가 생

각하는 영웅들(운동선수, 영화배우, 음악인, 교사 등)에 대해 말하고 그들의 다양한 신체적인 특징들(머리 색깔은? 날씬한지 뚱뚱한지? 주름살이나 주근깨가 있는지? 키가 큰지 작은지? 등)을 말하게 한다. 그런 외형적인 것들이 그들의 특별한 재능과 자질에 어떤 영향을 주는 것이 있는지 없는지 물어보라.

- 사과 씨앗 한 개가 자라 큰 사과나무가 되기 위해 필요한 것은 무엇일까(흙, 햇빛, 물, 공기 등)?
- 너의 특별한 재능 중 한 가지를 개발시키는 데 어떤 영양분이 필요할까(공부, 연습, 자기 자신에 대한 믿음, 다른 사람의 격려 등)?

좀 더 나이가 든 아이들에게는 다음과 같이 질문해볼 수 있다.

- 너의 특별한 재능과 능력은 무엇이라고 생각하니? 네 재능을 개발하는 데 우리가 어떻게 도와줄 수 있을까?
- 자신에 대해 긍정적인 느낌을 갖는 것이 왜 중요할까?
- 네가 어떤 사람을 외모만 보고 판단했는데 나중에 알고 보니 그것이 잘못된 판단이라는 것을 알게 된 적이 있니?

이 활동을 시행한 적이 있는 어떤 어머니가 해준 말이다. 2학년 아들인 윌리는 어느 날 학교 수업을 마치고 집에 왔다. 그는 새로운 아이가 자기 반으로 전학 온 것을 투덜거렸다. 전학을 온 아이는 다른 나라 출신이었고 영어를 못했다. 윌리 선생님은 그녀를 윌리 옆에 앉혔다. 그녀의 옷차림이 우스꽝스러워 아이들은 그녀를 놀렸다. 윌리는 그녀 옆에 앉아 있는 자신마저 바보 같은 느낌이 들었다.

  윌리 어머니는 아들이 느끼는 감정이 지극히 정상적이라는 것을 이해는 했다. 하지만 어머니는 이것을 계기로 겉보기에 '좋은 것'과 속이 '좋은 것'의 차이를 설명할 수 있는 좋은 기회라고 생각했다. 어머니는 사과 활동을 기억하고는 아들에게 사과 속의 '별'을 보여주었다. 그리고는 윌리에게 당분간 전학 온 아이한테 친절하게 대하라고 말했다. 그 다음 주 동안 매일매일 어머니는 윌리의 도시락에 별 모양이 보이도록 사과 반쪽을 넣어주었다. 윌리는 사과를 볼 때마다 어머니와 나눈 대화를 생각했고 새로 전학 온 아이를 친절하게 대하기가 훨씬 더 쉬웠다. 또한 윌리는 전학 온 아이가 수학을 잘 한다는 것을 알게 되었다.

활동 7
사람의 가치

참여 인원 2인 또는 그 이상
나이 5세 이상
준비물 • 천 원 지폐(1장)   • 500원 동전(2개 1묶음)

지폐 한 장과 동전 2개 묶음을 앞에 펼친다. 아이한테 지폐와 동전을 살펴보고 지폐와 동전의 차이점을 모두 찾도록 한다. 아이들이 찾아낸 차이점을 인정하고 아이들이 언급하지 않은 내용이 있으면 당신의 의견을 보탠다. 동전은 딱딱한 느낌이지만 지폐는 부드럽고 잘 접힌다. 동전은 탁자 위에 떨어지면 소리가 나지만 지폐는 소리가 나지 않는다. 지폐는 초록색이지만 동전은 은색이다. 동전은 지폐보다 무겁다. 동전은 동그랗지만 지폐와 직사각형이다. 지폐는 찢어지지만 동전은 찢어지거나 깨지지 않는다. 지폐는 구겨지지만 동전은 구겨지지 않는다. 그리고는 지폐와 동전은 많은 차이점이 있지만 가치와 중요성 면에서는 같다는 것을 아이들에게 상기시켜준다.

이제 지폐와 동전을 비교하는 것을 사람과 연결시킨다. 아이들에게 사람들의 서로 다른 점을 말해보게 한다. 지폐와 동전의 차이점을 비교하듯이 사람들 간의 차이점을 비교하는 방안을 제시하라. 같이 지내기 껄끄러운 사람도 있고 친화력이 좋은 사람도 있다. 시끄럽고 말이 많은 사람도 있고 조용하고 낯을 가리는 사람도 있다. 국적에 따라 사람들은 피부 색깔도 다르다. 뚱뚱한 사람이 있고 날씬한 사람이 있듯이 키와 체형이 제각각이다. 어떤 사람들은 다른 사람들보다 쉽게 '망가진다.' 기분이 잘 가라앉고 유혹에 잘 굴복한다. 어떤 사람들은 늙고 주름이 졌지만 젊음의 '광채'를 유지하는 사람도 있다.

　"준비한 동전과 지폐가 생긴 것은 다르지만 금전적 가치가 같았지요. 그렇다면 이것을 사람들에게 적용한다면 어떻게 말할 수 있을까요?" 훌륭하고 친절한 사람이 되려면 우리는 사람들 개개인이 가지고 있는 무한한 가치를 인식해야 한다는 점을 중심에 두고 토론해야 한다. 가끔씩 이상하게 행동하는 노인들, 늘 우리가 원하는 대로 하지 않는 가족들, 항상 친절하지 않을 수도 있는 학교 친구들, 때로는 공정하지 않은 것 같은 선생님들, 우리와 정치적 견해를 달리하는 정치인들, 우리가 이해할 수 없는 관습을 가지고 있는 외국 사람들과 마주 하게 되는 순간, 그들을 어떻게 인식해야 하는지 그리고 친절하게 대할 수 있는지 아이들에게 생각해보게 한다.

활동 8
나는 누구인가

큰 아이들을 위한 준비물

`참여 인원` 4인 또는 그 이상

`나이` 10세 이상

`준비물` • 양초(1개)

어린 아이들을 위한 준비물

`참여 인원` 2인 또는 그 이상

`나이` 3세 이상

`준비물` • 노트(1권) • 연필(1개) • 외투(1벌)

  • 모자(1개) • 마이크(선택)

이 활동은 참여자의 나이에 따라 두 개의 다른 방식으로 진행할 수 있다. 나이 어린 아이들을 위한 활동과 열 살 이상의 아이들을 위한 활동이다.

십대 아이들이 있는 가족 또는 어른을 위한 활동

가족 모두 둥글게 둘러앉아 가운데 촛불을 하나 밝힌다. 다른 불은 모두 끄고 분위기를 만든다. 모인 사람들에게 우리는 지금 모두 지구의 궤도를 돌다 고장 난 우주 정거장에 갇혀 있다고 상상하게 한다. 우리가 있는 우주 정거장은 떨어지는 운석과 충돌해 전기 시설이 파괴되었고 남아 있는 산소도 곧 떨어지게 된다. 전기와 산소가 모두 꺼지기 전에 비상 탈출 우주선이 발사되어야 하는데 거기에는 세 사람만 탈 수 있다 (이 숫자는 모인 사람들의 수에 따라 조정한다. 전체 인원 중 절반이 되게 한다).

촛불을 잡은 사람은 왜 자신이 탈출을 해야 하는지 말한다. 자신이 탈출해서 세상에 기여할 수 있는 게 무엇인지, 자기 인생의 계획이 무엇인지, 어떻게 타인을 도울 수 있는지, 자신이 지구에 가게 되면 남겨진 사람들의 지구 귀환에 어떤 도움이 되는지, 그 외에도 자신이 살아남아야 하는 이유가 더 있으면 말한다. 이 활동은 자신의 재능과 잠재력을 생각하도록 이끌어주는 훈련이므로 가족들이 자기 정체성을 가짜로 꾸미거나 인생 계획을 엉터리로 짜지 않도록 주의를 주면서 자신의 강점을 솔직하고 정직하게 말할 수 있도록 한다.

분위기를 다소 진지하게 만들기 위해서 활동을 진행하는 사람이 먼저 자신의 이야기를 한다. 진행자는 책임 있는 지도자로서 비상 탈출 우주선에 타는 것을 포기할 수도 있다고 말해도 좋다. 진행자의 이야기가 끝나면, 진지한 분위기를 지켜나갈 수 있는 다른 사람에게 촛불을 넘겨준다.

분위기가 괜찮다면 다음 몇 가지 질문에 대해 논의해본다.

- 자신의 장점을 이야기하기 어려운 이유는?
- 아무 말도 하지 않거나 거의 말을 하지 않는 사람들은 여기에 남아야 한다고 생각하는가?
- 인생 계획을 생각해본 적이 있는가? 다른 사람들에게 당신이 소중한 존재일 수도 있다는 것을 생각해본 적이 있는가?
- 임종 시 다른 사람을 살리기 위해 심장이나 그 외의 중요 신체장기를 기증할 의사가 있는가? 과학자, 공직자, 영화배우, 인기 있는 음악인, 어린 아이나 할머니 중 누구에게 기증하고 싶은가?
- 탈출에 선택된 사람들이 정말로 세상에 공헌할 것이 있다고 생각하는가? 아니면 단지 설득력이나 인기에 의해 탈출 우주선에 타게 되었다고 생각하는가?

어린 아이들이 있는 가족을 위한 활동

진행자는 신문기자처럼 모자를 쓰고, 종이로 만든 배지를 달고, 코트를 입고, 노트패드나 연필을 준비한다. 만약 마이크가 있다면 사용해도 된다. 기자가 되어 진행자는 마치 인기 있는 '유명 인사'를 인터뷰하는 것처럼 아이들에 관한 많은 것을 알아내는 것이 중요하다. 진행자는 아이들의 대답을 경청하고 메모한다.

- 본명은?
- 가족은 몇 명인가?
- 좋아하는 색깔은?

- 좋아하는 음식은? 싫어하는 음식은?
- 1만 원이 있다면 무엇을 하고 싶은가?
- 가장 두려운 것은?
- 뭘 보고 잘 웃나?
- 어떤 경우에 슬픈가?
- 꼭 이루고 싶은 소망은?
- 정말로 잘할 수 있는 것은?
- 어디가 가장 잘생겼는가?
- 커서 어떤 사람이 되고 싶은가?
- 이렇게 유명해지기 위해 이룬 업적은 무엇인가?

이 활동은 간단하다. 하지만 이 활동을 통해 아이들은 자신에게 관심이 집중되고 자신의 장점에 대해 곰곰이 생각해보고 말할 수 있는 기회를 갖게 된다. 진행자가 아이와 인터뷰한 것을 기록하고 유명 인사처럼 대하면서 아이에게 관심을 가질 때 아이는 자신이 중요한 존재라는 사실을 느끼게 된다.

활동 9
숨겨진 보물 찾기

참여 인원 2인 또는 그 이상

나이 6세 이상

준비물 • 그릇(1개, 금속이나 플라스틱 재질) • 동전(몇 개)
• 물 담은 주전자(1개) • 스카치테이프 또는 점토(약간)

　　　　　　　　미리 안쪽 바닥에 동전 몇 개를 스카치테이프로 고정해놓은 그릇을 탁자에 올려놓는다. 아이를 그릇 옆에 서게 하고 그 속에 무엇이 있는지 살펴보도록 한다. 동전들은 아이의 본성이나 성격 속에 들어 있는 소중한 '보물'을 의미한다고 말한다. 그릇 바닥에 붙어 있는 동전을 하나하나 가리키면서 아이들의 구체적인 장점들을 말해줘도 좋다. 아이의 예술적 기질, 낙천적 성격, 봉사 정신, 재치, 동물 사랑 등의 장점들을 아이와 함께 찾아보는 것이 좋다. 모든 아이들은 긍정적인 면이 많지만 대부분의 아이들은 그런 장점에 대한 칭찬을 자주 듣지 못한다. 이런 활동을 통해 그 아이만이 가진 장점을 찾아줄 수 있는 유익하고 재미있는 시간을 가질 수 있다. 여러 명의 아이들과 이 활동을 할 때에는 사람들에게서 일반적으로 발견되는 장점을 이야기할 수도 있다.

이제 진행자는 아이한테 뒤로 한 걸음씩 물러나면서 그릇의 동전을 주시하라고 한다. 아이한테 그릇 바닥에 붙은 동전이 보이지 않으면 그 자리에서 걸음을 멈추도록 한다. 이 시점에서, 살아가면서 가끔 자신의 장점을 잘 보지 못하게 하고 자기 자신에 대해 생각해볼 시간을 갖지 못하게 하는 요인이 무엇인지 이야기를 나눠본다. 아이들은 나이에 따라 그 원인들이 다르게 얘기할 수 있다. 비판적인 교사, 불친절한 친구, 형제간의 경쟁심, 자신에게 어려운 학과목, 운동이나 무용 수업에서 '최고' 학생과의 격차, 부모의 높은 기대치 등 여러 가지 요인이 있을 수 있다. 아이가 뒤로 한 걸음씩 옮길 때마다 아이가 살면서 겪은 구체적인 경험을 부모가 얘기해줄 수도 있다. 어린 아이들과 이야기를 나눌 때는 아주 알기 쉽게 예를 들면서 설명해야 한다.

이제 그릇에 주전자의 물을 한 번에 조금씩 붓는다. 물을 그릇에 한 번 부을 때마다, 아이의 긍정적인 자질을 찾는 데 도움이 되는 것이 무엇인지 아이에게 말하도록 하거나 부모가 말해준다. 아이가 자신의 재능을 찾아 개발시키기, 중요하지 않은 것에 시간 낭비하지 않기, 배우고 성장하는 데 더 많은 시간 투자하기, 집단의 '최고'와 자기 자신을 비교하지 않기, 다른 사람들을 위해 좋은 일하기, 개인적으로 잘한 행동이나 생각들을 목록으로 만들어보기, 자신의 장점을 적어보기, 자신의 장점을 인정해주는 친구에게 고마운 마음 갖기, 약점이나 불리한 조건에도 불구하고 위대한 인물이 된 사람들에 관한 이야기를 읽기 등 이 모두가 아이들의 긍정적인 면을 발견하도록 도와주는 것들이다.

  드디어 그릇에 물이 가득 차면 아이는 지금 멈춰 선 지점에서 동전을 다시 볼 수 있을 것이다. 자신 안에 '숨겨진 보물'이 이제 모든 사람의 눈에도 보이기 시작한다(이 활동은 그릇에 가득 찬 물에 의해 일어나는 빛의 굴절 현상을 이용한 것이다).

활동 10

팝콘 나누기

참여 인원 2인 또는 그 이상
나이 4세 이상
준비물 • 팝콘용 옥수수(1컵) • 튀긴 팝콘(가능하면 방금 튀긴 것)

아이에게 생 옥수수를 보여주고 알갱이를 관찰하도록 한다. 아이에게 옥수수가 먹기 좋은지 물어본다. 아이에게 냄새를 맡아보게 하고 냄새에 대해 말하게 한다. 그런 다음 옥수수를 먹기 좋게 하려면 어떻게 해야 하는지 물어본다.

이제는 아이에게 튀긴 팝콘을 보여준다(또는 팝콘 튀기는 것을 아이가 돕도록 한다). 먼저 그 냄새가 어떤지 말하게 하고 조금 먹어본 후 맛이 어떤지 물어본다. 옥수수에 열을 가하면 알갱이가 터지면서 하얗거나 노란 속살이 터져 나와 맛있는 팝콘이 된다고 설명한다.

큰 아이들에게는 생 옥수수 알갱이가 아직 개발되지 않은 자신의 재능을 의미한다면, 그 알갱이가 팝콘으로 변하는 과정이 자신의 잠재력과 재능에 어떻게 적용될 수 있는지를 물어본다. 팝콘을 만드는

데 필요한 열은 우리의 삶에서 무엇에 비유될 수 있을까?

어린 아이들에게는 더욱 자세하고 구체적인 설명이 필요하다. 우리가 지닌 재능이나 능력(악기 연주, 축구나 야구 같은 운동, 그림, 이야기, 노래, 무용, 다른 사람을 웃게 하는 능력 등)은 아직 튀겨지지 않은 팝콘과 비슷하다고 설명하라. 만약 우리가 그런 재능을 개발하기 위해 무엇인가를 하지 않으면, 그런 재능들은 우리 안에 팍팍하고 차갑고 아무 쓸모없는 알갱이로 남아 있게 된다. 만약 우리가 열과 에너지(그 기술을 닦고 개발하는 데 필요한 힘)를 제공한다면 어느 정도의 시간이 지나 그 재능들은 우리에게 아주 유용한 것이 된다. 이것은 우리 자신에게 유용할 뿐만 아니라 주변의 다른 사람들에게도 즐거움(팝콘의 달콤한 냄새와 맛)을 준다.

이제는 아이들에게 각자의 개인적인 재능에는 어떤 것들이 있는지, 그 재능들을 개발하려면 어떻게 해야 하는지에 대해 얘기 나누자. 그리고 자신의 재능과 능력을 다른 사람과 나누는 것이 중요하다고 생각하는지를 아이에게 물어보라. 만약 아이가 자신만을 위해 재능을 개발한다면 어떻게 되는지에 대해서도 아이와 생각을 나눈다.

3마당

긍정적 자세

활동 11   그릇 키우기

활동 12   양말 속 조약돌

활동 13   열 받으면 나와요

활동 14   초점 두고 찾기

아이들에게 주는 명언 한마디

문제가 생기면 작업복을 입고 일할 기회이다.

— 헨리 카이저

부모들에게 주는 명언 한마디

비관론자는 '봐야 믿는다'라고 말한다.
반면 낙관론자는 '믿으면 보게 된다'라고 말한다.

— 로버트 슐러

우리 할아버지는 꿈을 좇아 사는 분이셨다. 할아버지에게는 현실이란 개념 자체가 아예 없었다. 그러나 창의적이고 이상을 추구하는 모습이 거부할 수 없을 정도로 매력적인 분이어서 아내와 8명의 자녀들은 물론 주위의 모든 사람들로부터 사랑을 받았다. 어느 크리스마스에 할아버지께서는 자녀들에게 악기를 하나씩 나눠주셨다. 어떻게 연주하고 노래하는지 가르쳐주고는 가족 오케스트라를 창단하셨다. 그 후 이 가족악단을 이끌고 길을 나서 10년 넘게 전국을 돌아다녔다.

당시는 대공황의 시기였기에 서부 지역의 교회와 학교에서 작은 연주회를 연다고 해도 돈벌이가 시원치 않았다. 그래서 우리 가족은 연주회에서 모은 푼돈으로 근근이 입에 풀칠을 하면서 길 위의 삶을 살았다. 할아버지는 집을 산다거나 멋진 옷을 사는 데는 별로 신경 쓰는 분이 아니었다. 그러다 보니 가족들에게 물질적으로 안정된 삶을 주지는 못했다. 할아버지에게 삶은 소유가 아니라 경험이었다. 음악과 예술, 문학, 여행, 자연, 아름다움의 세계에서 꿈을 추구하면서 삶을 경험하도록 가족을 이끌었다.

이 무책임한 악단장은 1920년대와 30년대에 우리 대가족을 근근이 먹여 살렸지만 돈으로는 살 수 없는 삶의 진수를 만끽할 수 있게 해주었다. 집시처럼 떠돌았던 어린 시절을 회상하며 작은 딸이 말했다. "맑은 하늘에 낭만적이었던 여름밤 생각나세요? 별을 이불 삼아 가족이 캠핑하면서 아빠가 들려주는 밤하늘의 은하수 이야기를 듣고, 차를 타고 가면서 도로변에 온갖 나무와 꽃들의 이름을 들려주시던 일 기억나세요? 전국을 떠돌며 매주 바깥에서 신나게 캠핑하던 일 생각나세요?" 이 말에 동생보다는 현실적인 언니가 대답했다. "얘는, 캠핑은 무슨 캠핑이니? 우린 그냥 집도 절도 없는 떠돌이였지."

같은 경험이었지만 누구에게는 신나고 강렬한 모험이었고 누구에게는 절망적인 노숙자 생활이었다.

이처럼 세상을 보는 눈이 다르면 사는 태도도 다르다. 삶의 태도가 우리 인생의 성공과 행복에 미치는 영향은 매우 크다. 미국 심리학의 아버지로 불리는 윌리엄 제임스는 '태도를 바꾸기만 해도 인생 전체를 바꿀 수 있다'는 격언을 남겼다. 수두에 걸리는 것처럼 태도도 옮는다. 수두에 걸리고 싶다면 수두 걸린 사람 옆에 가서 자신을 노출시키면 된다. 아이들은 인격 형성기에 부모에게 '노출'되어 자라기 때문에 부모의 마음가짐을 닮게 된다.

대부분의 부모는 낙관적이고 열정적인 모습을 완벽하고 일관되게 보여줄 수 없다. 하지만 자녀들에게 긍정적 사고방식과 부정적 사고방식이 어떻게 다른지 충분히 파악하도록 도울 수는 있다.

동기부여 강사인 지그 지글러는 마음을 정원에 비유했다. 정원에 옥수수를 심어놓고 감자가 자라기를 기대하는 사람은 없다. 콩 심은 데 콩 나고 팥 심은 데 팥 난다. 그와 같이, 마음에 부정적인 생각을 심으면 부정적인 반응과 태도를 거두게 된다. 게다가 옥수수 씨앗 한 알은 옥수수 한 알이 아니라 몇 십 배나 더 많은 옥수수를 수확하게 된다. 씨 뿌리고 수확하는 가운데 옥수수 알의 숫자는 엄청나게 불어난다.

마음도 마찬가지이다. 마음에 무엇을 심던지 간에 몇 배로 더 불어난다. 부정적인 생각은 부정적인 태도가 몇 배 더 늘어나고, 긍정적인 생각은 긍정적인 태도가 몇 배 더 늘어난다.

전구를 발명한 에디슨은 그의 천 번째 시도가 실패하던 날 한 기자에게 질문을 받았다. "에디슨 박사님, 이렇게 실패를 많이 겪으시면 어떤 생각이 드십니까?" 에디슨으로서는 뜻밖의 질문을 받았지만 차분하게 대답했다. "실패라고요? 난 실패한 적이 없습니다. 이제 우리는 전구를 만들 수 없는 천 가지 방법을 알게 된 겁니다." 에디슨처럼 긍정적인 태도를 잃지 않은 사람들이 이룬 위대한 업적은 세상에 수도 없이 많다. 우리 아이들의 실패와 성공은 에디슨이 세상에 끼친 영향만큼 크지는 않겠지만 살면서 사소한 일에도 긍정적인 관점을 유지하면 더 행복하게 살 수 있다는 것을 아이들에게 가르쳐줄 필요가 있다.

　한 친구에게 에린이라는 딸이 있다. 중학교 농구반이었는데 늘 지기만 했다. 금년에 치른 모든 시합에서 전패했고 이제 4게임만 남아 있었다. 농구반의 다른 소녀들과 마찬가지로 에린도 전의를 상실했다. 남은 게임에서도 이길 확률이 거의 없다고 느낀 에린은 더 이상 굴욕을 당하기 전에 농구반을 그만두고 싶었다. 연습을 마치고 난 어느 날 에린이 엄마에게 불평을 늘어놓자 엄마는 설교 대신 '그릇 키우기' 놀이를 함께 해보자고 제안했다.

활동 11
그릇 키우기

참여 인원 2인 이상

나이 5세 이상

준비물
- 투명한 유리 그릇(1개, 오목하고 큰 것)
- 놀이용 찰흙(300g)

찰흙으로 4개의 공을 만드는데 이 중 3개는 작게 하나는 조금 크게 만든다(작은 구슬과 큰 구슬처럼). 다음으로 찰흙 공을 물이 담긴 그릇에 하나씩 넣으면서 가라앉는 과정을 지켜보게 한다. 그리고 아이들에게 이렇게 말해준다. "각각의 공은 사람에 비유할 수 있단다. 사람들은 살다 보면 누구나 어느 시기에 용기를 잃거나 삶의 무게에 짓눌려 혼자 웅크리고 있을 때가 있지. 그럴 때 사람들은 이 가라앉은 찰흙 공처럼 주변 상황이나 다른 사람의 생각은 살필 겨를도 없이 절망의 상태에 빠져 있곤 한단다." 조금 더 어린 아이들에게는 각각의 찰흙 공에 잘 아는 어떤 사람의 이름을 붙여 그 사람이 우울하거나 낙담한 이유가 무엇인지 말해보게 한다. 가령 "얘는 샌디야. 애완견이 집을 나갔는데 찾을 수가 없어 많이 슬프대."라고 말할 수 있을 것이다.

　이제 큰 찰흙 공을 물속에서 꺼내어 넓게 펼치면서 배 모양으로 만든다. 여기서 찰흙의 변화된 모습은 우리가 삶에 대한 태도를 바꾸는 것과 같다고 설명해준다. 그리고 사람들이 위축되고 부정적인 모습에서 수용적이고 긍정적인 모습으로 사는 태도를 바꿀 때 어떤 일이 벌어지는지, 우리가 살아가는 태도를 바꾸어 주변 사람들에게 긍정적인 영향을 끼치면 그들도 변하게 만들 수 있는지에 대해 얘기 나눈다. 자기가 먼저 주변 사람들의 기분을 수용할 수 있을 정도로 포용력을 키워야, 어려운 처지에 빠진 사람들에게 도움을 베풀 수 있는 위치에 설 수 있다.

　배 모양으로 만든 '찰흙 배'를 물 위에 띄우고 물속에 가라앉아 있는 작은 찰흙 공들을 꺼내어 그 위에 태운다. 공들을 태운 배는 유유히 잘 떠 있을 것이다. 한 사람이 삶의 태도를 바꿔 긍정을 실천할 때 주변에 어떤 일들이 벌어질지 아이들에게 물어보라. 삶을 긍정적으로 바라보고 자신의 그릇을 키우면 주변 사람들의 짐을 나눠 들 수 있는 사람이 될 수 있다.

　이 찰흙 배 활동을 함께 해본 다음, 에린의 엄마는 어떻게 하면 에린이가 침몰하고 있는 농구반 친구들을 구할 수 있는 '배'가 될 수 있을지 생각해보게 했다. 한참을 고민하던 에린은 드디어 한 가지 방안을 생각해냈다. 에린은 지역의 물놀이 공원을 운영하는 삼촌에게 연락해서 12명의 소녀에게 단체 입장권을 저렴하게 줄 수 있는지 여쭤보았다. 비용이 에린과 엄마가 반 나눠서 부담할 수 있는 수준이어야 하기 때문이었다. 삼촌이 흔쾌히 약속하자 에린은 친구들에게 한 사람씩 전화를 걸었다. "우리 팀이 남은 4게임 중 한 번이라도 승리하면 물놀이 공원에서 하루 종일 공짜로 놀 수 있다."고 말해주었다. 이것은 가라앉아 있던 소녀들의 사기를 올려주기에 충분했다. 그들은 새롭게 마음을 다잡고 성실하게 연습하여 남은 4게임 중 두 번째와 세 번째 게임에서 승리를 거둘 수 있었다.

활동 12
양말 속 조약돌

참여 인원 2인 이상
나이 4세 이상
준비물 • 작은 조약돌(1인당 1개씩) • 작은 사탕(1이당 1개씩)

아이들에게 작은 사탕을 하나씩 나눠주는데 이때의 사탕 크기는 몇 분 동안 빨아먹을 수 있는 정도가 적당하다. 그러고 나서 아이들 신발 안에 작은 조약돌 한 개씩을 넣어주고 다시 신도록 한다. 입에는 사탕을 물고 신발에는 조약돌을 넣은 채로 밖으로 나가 잠깐 산보를 하거나 집 안에서 몇 바퀴 돌아다니게 한다.

산보를 마친 다음 아이들에게 각자 무엇을 느꼈는지 얘기해보라고 한다. "걸으면서 무슨 느낌이 들었니? 무슨 생각을 했니?" 대부분의 경우 아이들은 걸을 때 불편했던 것에 대해서만 얘기하고 사탕의 달콤한 맛에 대해서 아무 말도 하지 않을 것이다.

아이들에게 이것이 우리 삶의 어떤 경험과 비유될 수 있는지 물어보라. 사람들은 자기가 안고 있는 어려움과 문제(조약돌)에 신경 쓰느라 주변의 좋은 것(맛있는 사탕)은 까맣게 잊고 지낼 때가 많다. 우리는 하루를 살면서 어떤 말을 더 많이 하는가? 걱정되거나 괴로운 일에 대해 더 얘기하는가? 아니면 그날 겪었던 좋았던 일이나 고마운 일에 대해 더 얘기하는가? 그리고 우리는 현재 가지고 있지 않은 것들을 가지기 위해 더 많은 시간을 쓰고 있는가? 아니면 우리가 지금 가지고 있는 것을 감사해 하며 시간을 보내고 있는가? 같이 한번 얘기해보자.

이 활동의 교훈을 좀 더 가슴 깊이 간직하기 위해 아이들과 물이 반쯤 찬 유리컵 놀이를 해보는 것도 좋다. 우선 유리컵에 물을 반만 채운다. 그러고 나서 아이들에게 이 컵에 물이 절반이 빈 것인지 절반이 찬 것인지를 한 명 한 명에게 돌아가며 물어본다. 아이들의 대답을 다 듣고 나서 이것을 사람들이 세상을 바라보는 관점과 비교해 보라. 어떤 사람들은 항상 주변의 좋은 면을 보고 자기가 삶에서 누리는 축복에 대해 고마움을 표현하는 긍정적 태도를 지니고 산다. 그들은 대개 유리컵에 물이 절반이나 차 있다고 보는 긍정적 시각의 소유자들이다. 하지만 부정적인 태도를 지니고 있는 사람들은 자기가 갖지 못한 것에 더 신경을 쓰며 세상에 불만을 표출한다. 이들은 유리컵에 물이 절반이나 비었다고 보는 경향이 있다. 아이들에게 이런 두 가지 유형의 사람 중 어느 쪽이 더 행복할 것 같은지 생각해보게 한다. 그리고 물어본다. "여러분은 어떤 태도를 지니고 있나요? 불평하는 사람인가요? 아니면 고마워하는 사람인가요? 만약 여러분이 마음만 먹는다면 여러분의 태도를 바꿀 수 있을까요?"

활동 13
열 받으면 나와요

참여 인원	2인 이상
나이	5세 이상
준비물	• 흰 종이(2장) • 다리미와 다림판(1세트) • 레몬즙 또는 우유(약간) • 가는 붓(1개)

 이 활동은 아이들이 자기 친구들에게 자랑하고 싶어 안달이 날 만큼 신기한 경험이어서 배운 교훈 또한 오래 기억될 것이다. 이 활동을 보다 효과적으로 진행하기 위해서는 사전에 준비물을 아이들에게 들키지 않도록 잘 준비해놓아야 한다.

 여러분은 사전 준비물로 보이지 않는 글씨가 적힌 종이 두 장을 만들어야 한다. 먼저 가는 붓을 레몬즙이나 우유에 적신 후, 종이 두 장을 꺼내 한 장에는 '할 수 있다(I Can)'라고 쓰고, 다른 한 장에는 '할 수 없다(I Can't)'라고 쓴다(아주 어린 아이들과 진행할 경우, 한 장에는 단순하게 '웃는 얼굴'을 다른 한 장에는 '우는 얼굴'을 그린다). 그리고는 물기가 마르도록 기다린다. 그러면 종이에 적어놓은 글자는 보이지 않을 것이다. 자, 이제 다음 작업을 위해 다리미를 켜두자.

이제 아이들에게 종이 두 장을 보여주고 서로 다른 점이 있는지 물어본다. 차이가 없다고 대답할 것이다. 이때 두 종이는 서로 다른 유형의 두 사람을 의미하며 겉모습만 봐서는 차이를 알 수 없다고 말해준다. 이 사람들을 구별할 수 있는 차이는 겉모습이 아니라 그들 안에 있는 태도이다. 한 사람은 긍정적이고 자신감이 넘치는 사람으로 삶에서 만나는 장애를 대부분 극복할 수 있다고 믿고 이겨나간다. 반면 다른 사람은 부정적이고 비관적이라 어려움을 만나면 금세 낙담하고 포기하고 만다.

어린 아이들에게 시범을 보일 때에는 이야기를 꾸며서 하는 게 더 효과적이다. "얘는 에밀리이고 쟤는 재키야. 겉보기에는 똑같이 생겼지만 속마음은 서로 다르단다. 에밀리는 불가능은 없다고 생각해. 거의 언제나 행복하고 상냥해. 하지만 재키는 불평불만이 많지. 용기가 없고 뭐하나 자기는 잘하는 게 없다고 생각해. …" 이런 식으로 이야기를 풀어나가며 활동을 진행해나간다.

사람의 태도는 평소의 모습에서 그다지 큰 차이가 나지 않는다는 점에 대해 먼저 얘기 나눠본다. 긍정적인 사람과 비관적인 사람(에밀리와 재키) 모두 학교생활을 잘하고 친한 친구도 있고 자신의 재능도 발달시킬 수 있다. 긍정적인 태도로 사는 사람이 더 행복하고 충만한 삶을 살아가겠지만 두 가지 유형 모두 큰 무리 없이 세상을 살아갈 수 있다. 하지만 사람은 누구나 살다 보면 어느 시점에선가 인내를 시험 받는 순간이 찾아온다. 견디기 힘든 어려움과 시련, 도전이 닥치는 그때 자기의 진짜 본 모습이 드러나게 된다.

  이 시점에서 여러분은 미리 준비해둔 종이를 꺼내 한 장씩 다림질한다. 한 장을 15~20초 정도 다리고 나서 다른 종이도 똑같이 방법으로 다린다. 그러면 보이지 않던 글자가 나타날 것이다. 여기서 다리미의 열은 앞에서 언급한 시련, 역경, 불편 등과 같이 우리의 인내를 시험하는 어려움을 상징한다. 그리고 글자가 드러난 종이는 바로 우리 자신이며, '할 수 있다', '할 수 없다'는 우리의 태도이다. 즉 우리는 어려움에 처했을 때 가려져 있던 자신의 태도가 밖으로 드러나게 되며, 이러한 태도는 우리가 삶에서 부딪히는 장애를 극복할 수 있을지 없을지를 가르는 결정적인 요인이다.

  아이들에게 서로 다른 태도를 지닌 두 사람 간의 차이를 구별할 수 있는지 물어본다. 또한 친구나 선생님, 코치, 조부모, 사촌 중에 부정적인 태도를 갖고 있는 사람이 있는지, 그 사람들에 대한 느낌은 어떠한지 등에 대해서도 얘기해보면 좋다.

활동 14
초점 두고 찾기

참여 인원 2인 이상

나이 6세 이상

준비물 없음

이 활동은 언제, 어디서나 그리고 아무런 준비물 없이도 진행할 수 있다. 또한 어떤 장소나 상황에서도 적용할 수 있다. 먼저 아이들에게 주변을 둘러보면서 둥글게 생긴 것을 최대한 많이 찾아보라고 한다(단추, 해, 시계, 신발 끈 구멍, 전등갓, 공, 접시, 오렌지, 눈동자 등). 아니면 "주변에서 둥글게 생긴 것 6개를 찾아볼까요?"와 같이 미리 개수를 정해주어도 된다.

다음에는 주변에서 네모나게 생긴 것을 최대한 많이 찾아보라고 한다(간판, 책상, 벽, 텔레비전, 건물, 창문, 초콜릿바, 벽돌, 책 등). 이 활동은 아이들이 집중력을 유지할 수 있는 한 계속할 수 있다. 더 찾아볼 만한 주제로 아래 항목과 같은 것들을 제시할 수 있다.

- 정사각형으로 된 것들

- 삼각형으로 된 것들
- 녹색으로 된 것들
- 검정색으로 된 것들
- 움직이는 것들
- 살아있는 것들

이 중 몇 가지를 찾아보고 나서 다음과 같은 질문을 한다.

- 둥근 것을 찾을 때 사각형 모양의 것들이 눈에 들어 왔니?
- 녹색으로 된 것들을 찾을 때 검은색 물건들이 많이 보였니?
- 살아 있는 것들을 찾느라 온 신경을 집중하고 있을 때 그렇지 않은 것들이 몇 개나 있는지 세어봤니?

대부분의 아이들은 이런 질문에 '아니요'라고 대답할 것이다. 이제 '초점 맞추기'에 대해 아이와 함께 얘기해볼 시간이다. 사람들은 찾고자 하는 물건들만 보는 경향이 있다. 둥근 것을 찾는 데 집중하면 다른 모양은 보이지 않고 둥근 것만 보이게 되며, 삼각형 모양을 찾고자 하면 삼각형 모양만 집중해서 찾게 된다.

이와 같은 원리가 우리 삶에 어떻게 적용되는지 아이들과 함께 얘기 나눠보자. 우리가 살아가면서 문제점과 부정적인 것에 초점을 맞추고 집중하면 그런 것들만 눈에 들어오게 되어 있다. 하지만 우리가 좋은 점들 즉, 축복받은 일과 행복을 가져다주는 것들에 집중한다면 우리는 그런 모습들만 보게 될 것이고 더 긍정적인 관점을 갖게 될 것이다.

  이번에는 아이에게 어떻게 하면 이와 같은 원리를 가족과 친구를 바라보는 관점에 적용할 수 있는지 생각해보게 한다. 그리고 스스로에게 한번 물어보라고 한다. '나는 사람들에게서 단점뿐만 아니라 장점도 찾을 수 있을까? 더 행복한 사람이 되려면 어떻게 해야 할까? 다른 사람의 장점에 초점을 맞추는 것이 내게 어떤 도움이 될까? 나는 다른 사람의 장점을 보는 사람과 끊임없이 다른 사람의 결점을 말하는 사람 가운데 어떤 사람이 내 곁에 있길 바라는가?'

4마당

정직과 성실성

활동 15 묶고 또 묶고

활동 16 밀가루 탑

활동 17 물색깔이 변했어요

활동 18 반죽 빚기

아이들에게 주는 명언 한마디

펌프를 흰색으로 칠한다고 깨끗한 물이 나오는 것은 아니다.
깨끗한 물은 깊은 우물 속에서 나오는 것이다.

 부모들에게 주는 명언 한마디

하고 나서 행복해지면 도덕적인 행동이고,
하고 나서 죄책감이 들면 부도덕한 행동이다.
— 어니스트 헤밍웨이

크리스틴은 학교에서 돌아온 일곱 살 난 아들 샘을 껴안으며 오늘 학교에서 어떻게 지냈는지 물었다.

"아주 좋았어요."라고 아이가 대답했다.

"수학은 어땠니?" 엄마가 다시 물었다.

"좋았어요." 아이는 바로 대답이 나왔다.

"문제는 다 잘 풀었니? 시간 안에 다 풀었어?"

"네."

"좋았어. 그럼 12 빼기 5는 얼마지?"

샘은 잠시 생각하더니 대답했다.

"그게 바로 제가 좀 더 공부해야 되는 부분이에요."

하필이면 엄마는 아이가 모르는 문제를 물어보았을까?

부정이 일상화된 세상을 감안한다면, 아이들에게 정직을 가르치는 일은 만만찮은 도전이 될 수 있다. 세상에는 대중들 앞에서 공개적으로 거짓말하는 정치인들, 시험 볼 때 부정행위 하는 학생들, 영화관에 몰래 들어가는 친구들, 도로에서 속도위반을 하거나 전화상으로 '선의의 거짓말'을 하는 부모들이 넘쳐난다.

아이들이 바깥에서 이런 모습을 보지 못하게 할 수는 없지만 가정에서만큼은 통제할 수 있다. 아주 가끔일지라도 아이들이 부모의 정직하지 못한 모습을 본다면 사소한 거짓말이 곤란한 상황을 재빨리 모면할 수 있는 방법이라는 인식을 갖게 될 것이고 또 원하는 것을 가장 효과적으로 얻을 수 있는 방법이라고 배우게 될 것이다. 불행한 일이지만 아이들은 자기 부모님이 항상 믿을 만한 존재가 아니라는 사실도 알게 될 것이다. 아이들은 부모가 보여주는 모습에서 혼란스러워지는 경우가 많다. 어떤 아이가 자기 엄마와 엄마의 친구가 나누는 이런 대화를 들었다고 해보자. "네 아이가 가끔 거짓말을 할 때면 괴롭지 않니?" "아니, 상황에 맞지 않게 진실을 말하는 것만큼 괴롭지는 않아." 아이는 이런 부모에게 정직하게 말하는 게 좋은지 적당히 거짓말로 둘러대는 게 좋은지 혼란스러울 것이다.

당연히 정직은 아이들의 발달 단계에 따라 다른 의미를 가진다. 유아가 주스 잔을 엎지르고는 "내가 안 그랬어요."라고 말하는 것과 청소년이 가게에서 비싼 시계를 훔치고는 "제가 훔친 게 아니에요."라고 말하는 것은 큰 차이가 있다.

하지만 일반적으로 부모가 집에서 철저하게 정직의 미덕을 보여준다면 아이는 다른 사람의 신뢰를 얻는 것, 정직하다는 평판을 얻는 것이 중요하다는 것을 알게 된다. 그리고 자기 행동에 책임을 지는 것, 다른 사람과 자신에게 솔직하게 대하는 것이 최선의 길이라는 것 또한 배우게 된다.

　아동에게 정직을 가르칠 때 아이들이 거짓말을 하는 여러 가지 이유를 생각해볼 필요가 있다. 아이들이 거짓말을 하는 이유는 대체로 어른들과 다르지 않다. 아이들도 자기 잘못을 감추고 처벌을 받지 않으려고 거짓말을 한다. 예를 들면, "저는 수잔의 스웨터를 가져가지 않았어요. 이젠 제발 뭐가 잘못되기만 하면 모두 제 탓이라고 하지 마세요." 또한 아이들은 다른 사람에게 좋은 인상을 주고 싶거나 인정을 받기 위해서 거짓말을 하는 경우도 있다. 이런 경우이다. "우리 아빠는 회사 사장이어서 돈이 많아. 하지만 그걸 과시하는 성격이 아니기 때문에 오래된 차를 몰고 다니시는 거야." 그리고 아이들은 비난을 피하기 위해 거짓말을 하기도 한다. "난 분명히 지난주에 책을 돌려줬어. 네가 잃어버렸거나 다른 사람에게 빌려준 게 분명해." 질투심이나 경쟁 심리 때문에 누군가를 곤란한 상황에 빠뜨리려고 하는 거짓말도 있다. "엄마가 통화하실 때 데이빗이 엄마 지갑에서 돈을 꺼내가는 것을 제 두 눈으로 똑똑히 봤어요." 가끔은 부모자식 간의 싸움에서 반항하며 적의를 가진 행동으로 거짓말을 하기도 한다. "전 담배 피운 적 없어요. 증거도 없는데 뭘 어쩌실 거예요?"

　아이들은 거짓말을 하면 코가 자란다는 피노키오 얘기는 영화에서나 존재한다는 사실을 아주 어릴 때 알아챈다. 그리고 현실에서는 거짓말한다고 코가 자라는 것도 아니며, 가끔 적당히 얼버무리며 상황을 모면하는 것이 자기 행동에 대한 처벌을 감수하는 것보다 덜 고통스럽다는 것으로 위안을 삼는다.

아이의 양심은 나이에 따라서 그리고 일반적인 성숙도에 따라서 서서히 발달한다. 그러나 양심이 발달한다고 해도 아이가 정직하고 성실한 인격을 갖추려면 반복해서 훈련을 받고 배워야 한다. 그래도 또 실수하고 모자란 행동을 하면 똑같은 가르침을 계속 되풀이해서 배워야 한다.

물론 아이들이 정직한 행동을 하도록 격려하는 가장 좋은 방법은 정직한 행동을 할 때마다 아낌없이 칭찬하는 것이다. 부모로서 우리는 아이가 거짓말하는 것을 '잡아내려고' 안달하기보다는 정직하게 말하는 그 순간을 '포착해' 칭찬하는 데 더 많은 신경을 써야 한다.

다음에 나오는 활동들은 창의적이고 재미있는 방식으로 정직과 성실성이라는 중요한 가치를 경험하고 깨우치게 할 것이다.

활동 15
묶고 또 묶고

참여 인원 3인 이상

나이 3세 이상

준비물 • 실이나 가는 끈(1뭉치) • 의자(1개)

    이 활동을 시작하기 전, 다른 사람들 몰래 한 아이와 약속하여 당신이 질문을 할 때마다 거짓말을 하기로 해놓는다.

    먼저 정직에 대하여 하고 싶은 간단한 이야기를 꺼내면서, 아이나 가족에게 물어본다. "지금까지 살아오면서, 거짓말하면 편하게 넘어갈 수 있었는데 정직하기로 결심했던 일이 있었는가?" 있다면 얘기를 청해 들으면서 그때 어떤 기분이 들었는지도 물어본다. 그리고 다른 사람이 자신을 정직하게 대했을 때 어떤 느낌이나 생각이 들었는지에 대해서도 서로 얘기 나누게 한다.

    이제 거짓말을 하기로 미리 약속한 아이를 의자에 앉도록 하고 이런 간단한 질문을 한다. "오늘 학교에서 왜 이렇게 늦었니?" 그러면 아이는 "수업 끝나고 학교에 남아 있어야 했어요."와 같은 거짓말을 할 것이다. 그러면 준비한 긴 실로 의자에 앉은 아이를 의자와 함께 한 바퀴 감는다. 이어 계속 질문을 한다. "왜 수업 마치고 학교에 남아야 했니?" 그러면 아이는 또 역시 약속한 대로 거짓말을 할 것이다. 이때 준비한 긴 실로 다시 한 번 아이의 몸을 의자와 함께 감는다. 질문과 거짓 답변이 이어지면서 결국 아이는 거미줄처럼 실에 묶이게 된다.

다른 아이들이 실에 묶인 이 아이를 지켜보도록 한 후 이 아이와 미리 거짓말을 하도록 약속했다는 사실을 말해준다. 그리고 다음에 나오는 몇 가지 사항에 대해 토론을 해본다.

- 거짓말을 하면 다른 사람에게 어떤 영향을 끼칠까? (거짓말을 하나 하면 다른 거짓말로 이어질 수 있다는 점 그리고 거짓말에 갇히고 당혹스러움을 느끼고 결국 거짓말의 노예가 된다는 점을 강조하라.)
- 항상 진실만을 말하는 사람은 어떤 경험과 느낌을 가질까? (저번에 어떤 거짓말을 했는지, 어떻게 상황을 모면했는지 기억할 필요가 없다, 양심의 가책이 없다, 마음이 편하다, 자부심을 느낀다.)
- 누군가 거짓말을 하다 들켰거나, 앞에 한 거짓말을 감추기 위해 또 다른 거짓말을 해야 했던 사례를 누가 말해줄 수 있겠니? (아무나 자원해서 개인적 경험을 말할 수도 있다.)
- 항상 진실을 말하는 것이 왜 중요할까? (안전하고, 신뢰감이 생기고, 또 그게 옳기 때문이라는 의견들이 나올 것이다.)

활동 16
밀가루 탑

참여 인원 3인 이상

나이 3세 이상

준비물
- 밀가루(2컵 정도) • 동전(1개) • 플라스틱 컵(1개)
- 키친타월이나 신문지(식탁 넓이만큼) • 버터칼(1개)
- 종이 접시(1개)

    이 활동은 그 자체가 재미있을 뿐만 아니라 아이들에게 외부 영향이 자기 삶에 어떤 영향을 끼치는지에 관한 좋은 가르침도 줄 수 있다. 우선 신문이나 키친타월을 식탁이나 탁자에 편다. 그리고 컵 안쪽 바닥 한 가운데에 동전 하나를 넣는다. 이어 밀가루를 컵에 가득 차도록 담고 꾹꾹 눌러서 단단하게 다진다. 밀가루가 잘 다져졌으면 종이 접시를 컵 위에 얹고 컵과 함께 뒤집어 키친타월이나 신문지 위에 내려놓는다. 이때 컵을 가볍게 톡톡 치면서 조심스럽게 빼낸다. 여기까지 성공했다면 아마 컵 모양의 밀가루 탑이 서 있고 맨 위에는 동전이 올라가 있을 것이다. 만약 그렇지 않을 경우, 밀가루 탑 쌓는 과정을 처음부터 다시 시작한다. 밀가루를 더 단단하게 다져서 컵을 빼도 모양이 그대로 유지되도록 만든다.

이제 각자 차례로 돌아가면서 버터칼로 '밀가루 탑'의 가장자리를 조심스럽게 한 조각씩 베어낸다. 여기서 한 가지 유의할 점은 처음에는 도덕적 의미를 두지 말고 그냥 재미있는 게임을 하듯이 시작하는 것이다. 가장자리를 베어낼 때에는 너무 깊게 파지 않도록 조심해야 한다. 이 게임의 목적은 동전이 밀가루 탑 꼭대기에서 떨어지지 않도록 밀가루 탑을 베어내는 것이다. 밀가루를 조금씩 베어낼수록 밀가루 탑이 점점 가늘어지면서 동전의 위치는 더욱 더 불안해진다. 자기 차례에 탑을 무너뜨리고 동전을 떨어뜨린 사람은 그 게임에서 제외된다. 그리고 다시 동전을 컵 바닥에 넣고 밀가루를 채워서 다진 후 앞에서 했던 방식대로 게임을 계속 이어나간다. 이 게임은 단 한 사람이 남을 때까지 계속된다.

이제 다시 게임을 시작하면, 밀가루 탑을 우리의 인생에 비유할 수 있다고 설명한다. 밀가루 탑은 바로 나 자신이며, 밀가루 탑을 구성하는 밀가루 입자들은 나를 구성하는 인격, 경험, 능력 또는 부모한테 물려받은 유전자, 감정 등을 나타낸다. 현재 나의 모습은, 무수한 밀가루 알갱이들이 모여 밀가루 탑을 이루듯이 이 모든 것들의 집합체이다. 밀가루 탑 상단에 있는 동전은 우리 인격이나 미덕 중에 최고의 것, 정직과 성실성을 나타낸다. 그리고 마치 컵이 밀가루 탑의 모양을 만들 듯, 우리 인격도 아동기를 거치면서 사람들은 부모, 친구, 교사들에 의해 가르침을 받으며 형성된다.

밀가루 탑을 한 조각씩 베어내는 것은 세상에 있는 부정적인 외부의 영향력이 인간의 진실성을 조금씩 갉아먹고, 인간의 힘을 약화시키며, 우리의 인격을 알게 모르게 좀먹는 행위들 즉 음주, 마약, 절도, 거짓말, 옳지 않은 행위 등을 의미한다. 이런 부정적인 것들이 우리가 통제할 수 없을 만큼 커지게 되면 마침내 우리 안에 있는 소중한 미덕은 무너지고 우리 자신도 무너져 버린다. 탑이 무너지고 동전이 떨어지는 것처럼 말이다. 이런 일이 벌어졌을 때, 우리가 다시 우리 자신을 다지고 세울 수 있도록 도움을 주는 어떤 것 혹은 누군가가 없다면 우리는 다시 일어서기 어렵다.

　참가자들이 밀가루를 한 번씩 베어내면서 자신의 부정적인 생각이나 행동을 하나씩 말해보게 하는 것도 이 활동을 좀 더 의미 있게 할 수 있는 방법이다. '거짓말'이나 '담배 피우기'와 같이 간단하게 말해도 좋고 짧은 얘기를 지어내서 해도 괜찮다. 가령 "오늘 라첼의 친구들이 가게에서 초콜릿을 훔치려고 했을 때 라첼도 함께 훔치기로 마음먹었어."라거나 "앤디는 이웃집 창문을 깨뜨렸는데 아무한테도 자기가 그랬다고 말하지 않았어."라고 얘기하는 것이다.

활동 17
물색깔이 변했어요

참여 인원 2인 이상

나이 4세 이상

준비물 • 컵(3개)   • 물(2컵)   • 염소표백제(1/2컵)
　　　　　• 식용 색소(약간)

　　　　시작하기 전에 컵 2개에 각각 2/3정도의 물을 채운다. 세 번째 컵에는 염소 표백제를 절반 정도 채우는데 아무도 그 내용물이 무엇인지 모르게 미리 해놓는다. 아이들에게 컵 2개를 보여주면서 그것이 두 친구를 의미한다고 말한다. 이 놀이에 참가한 친구들의 이름을 붙이거나 그냥 재미있는 이름을 붙여도 된다.

　어린 아이들을 대상으로 할 때에는 두 친구에 대한 이야기를 즉석에서 만들어간다. 나이가 든 아이들이라면 미리 꾸며낸 이야기를 활용하되 나이나 지적 수준에 맞추어 적절한 이야기를 선정한다. 여기서는 패트릭과 마이크 이야기를 예로 소개하겠다.

　"패트릭은 언제나 부모님의 말씀을 잘 듣고 올바른 행동을 하는 아이였어. 하지만 마이크는 늘 말썽을 일으켜 부모님의 속을 썩였지. 등굣길에도 패트릭은 서둘러 제 갈 길만 가지만 마이크는 동네 이곳저곳을 어슬렁거리며 느릿느릿 걸어갔단다. 하루는 마이크가 고의는 아니었지만 이웃집에 돌을 던져 유리창을 깨뜨리고서는 아무한테도 말하지 않고 냅다 학교로 도망쳐버렸지." 이 이야기를 계속 이어가면서 마이크가 부모님한테 거짓말을 하고, 5달러 지폐를 훔치고, 학교 시험 칠 때 부정행위를 한 사례 등을 덧붙인다.

 이렇게 이야기를 풀어나가면서 마이크가 잘못된 행동이나 정직하지 못한 행동을 하는 부분이 나올 때마다 마이크 이름이 붙은 컵에다 식용 색소를 한 방울씩 떨어뜨린다. 물을 휘젓지 말고 천천히 물에 퍼지도록 내버려 두라. 처음 한두 방울을 넣을 때에는 물 색깔이 그다지 탁해 보이지 않을 것이다. 하지만 잘못이 하나씩 더 언급될 때마다 색소가 추가되어 마이크를 상징하는 컵의 물 색깔은 점점 진해지고 탁해진다. 반면 패트릭의 잔은 여전히 깨끗하고 순수한 그대로 있다.

 "결국 마이크는 비참한 기분이 들었단다. 그가 항상 위험하고 멍청한 짓만 골라 했기 때문에 친구들은 그와 어울리는 걸 싫어했지. 마이크는 얼마 못 가 온갖 거짓에 묶여 꼼짝 못하게 된 자신이 너무 싫어졌단다. 그래서 마이크는 선생님과 진지하게 상담을 했고 자기의 삶의 방식을 바꾸기로 결심했어. 맨 먼저 그는 자기가 창문을 깬 이웃집에 찾아가 사과하고 유리창 값을 변상했지. …"

 이런 이야기기를 들려주면서 마이크의 컵에 준비한 표백제를 조금씩 떨어뜨린다. 마이크가 자기가 저지른 잘못에 대해 반성하고, 피해를 준 사람들에게 사과하면서 어떻게 예전과 다른 정직한 삶을 살게 되었는지를 얘기할 때마다 컵에 표백제 한 방울씩을 더 떨어뜨린다. 지켜보는 사람들은 컵에 물을 더 붓는다고 생각하고 있기에 착색된 물이 점점 맑아지는 것을 보면 깜짝 놀랄 것이다. 결국에 마이크 컵의 물은 다시 깨끗해진다.

  이 활동은 나이가 더 든 아이들과 십대 심지어는 성인들에게도 적용해볼 수 있다. 이야기 요소를 듣는 사람들의 나이에 맞게 적절하게 각색하기만 하면 된다. 이 활동에서 끌어낼 수 있는 것들은 참 많다. 어린 아이들과는 질문과 흥미로운 토론을 해볼 수 있고, 좀 더 성숙한 참가자들에게서는 깊은 사고를 이끌어내는 활동을 진행할 수도 있다.

여기에 함께할 수 있는 토론 거리를 몇 가지 제안한다.

- 물에 착색제를 한 방울만 떨어뜨렸다면 그 물을 다시 깨끗하게 정화시키기 위한 표백제를 얼마나 넣으면 될까? (거짓말이나 부정직한 행동을 바로잡기 위해 빨리 행동에 옮길수록 고치기 더 쉽다. 물이 더러워질수록 다시 깨끗하게 만들려면 표백제를 더 많이 넣어야 한다.)
- 마이크와 패트릭의 컵은 지금 얼마나 다른가? (패트릭의 물은 완전 순수 상태지만 마이크의 물은 약간 탈색된 상태). 이것은 부정직한 행동이 삶에 끼치는 영향에 대해 무엇을 말해주는가?
- 용서는 어떻게 이루어지는가? 마이크한테 괴롭힘을 당한 사람들은 마이크를 용서해야 하는가? 피해자들은 이제부터 마이크를 신뢰할

수 있을까? 당신이 누군가를 신뢰할 수 있으려면 무엇이 필요한가?

- 이제 마이크는 자신을 어떻게 느낄 거라고 생각하는가? 더 행복하게 느낄 거라는 생각하는가? 단기적인 행복(훔친 5달러로 무엇을 살 수 있는 것과 부정행위로 시험에서 좋은 점수를 받는 것 등)과 장기적인 행복은 어떤 차이가 있는가?

- 정직하지 못한 행동을 바로잡으려면 어떤 과정을 거쳐야 하는가? (자신이 한 행동이 잘못되었다고 인정한다. → 상처를 준 사람에게 사과한다. → 피해를 보상한다. → 다시는 잘못을 저지르지 않겠다고 결심한다.)

활동 18

반죽 빚기

참여 인원 2인 이상

나이 5세 이상

준비물 • 옥수수전분(1컵) • 물(1/2컵) • 반죽용 그릇(1개)

이 활동은 매우 간단한 것으로 단순히 정직이라는 가치 하나만이 아닌 사람의 일반적인 성품과 성실성 전반에 적용될 수 있다. 먼저 옥수수전분 1컵과 물 1/2컵을 그릇에 붓고 주걱이나 숟가락으로 반죽을 잘 젓는다. 여기에 재미삼아 식용 색소 몇 방울을 넣어도 좋다. 조금은 까다로운 이 조리법은 적절한 반죽 농도를 유지하는 것이 중요하다. 반죽은 둥그런 모양을 만들 수 있을 정도로 걸쭉하면서도 가만히 잡고 있으면 흘러내릴 정도로 묽어야 한다. 반죽을 손으로 치대면서 농도가 적당해질 때까지 전분이나 물을 조금씩 더 넣어야 할 수도 있다. 활동을 시작하기 직전에 반죽을 적절한 점도로 만드는 것이 중요하다.

먼저 '완전무결 또는 성실성(integrity)'이라는 단어에 대해서 얘기한다. 이 단어는 원래의 상태, 온전한 상태를 의미한다고 설명해준다. 반듯하고 완벽한 상태 또는 완전히 정직한 상태를 의미할 수도 있다. 이제 준비해둔 반죽덩어리를 들고 그것을 마치 어린아이 대하듯 이야기를 시작한다. 그냥 앞에 앉아 있는 한 아이인 것처럼 대해도 좋다.

양손으로 반죽을 공 모양으로 빚으면서, 이 작업을 한 아이가 삶에서 인격을 형성해나가는 과정에 그리고 자기 역할을 다하며 행복하고 원만한 인격의 어른으로 성장해나가는 과정에 비유하여 이야기를 한다. 한 사람의 인격과 가치관 형성에 가장 큰 영향을 끼치는 요인은 무엇일까? '완전무결함 또는 성실성'을 갖는다는 것은 자기 자신을 온전하고 완전할 뿐 아니라 원만하고 행복한 상태로 유지하는 자질이라는 것을 설명한다. 이런 이야기를 하면서도 손으로는 계속 반죽을 빚어서 일정하게 둥그런 모양을 만든다.

아이가 일상생활에서 성실하게 사는 모습에는 어떤 게 있을까? 학교에서 공부 열심히 하기, 숙제 잘하기, 가족과 친구들에게 약속 잘 지키기, 거짓말이나 속이고 싶은 유혹 이기기, 스포츠 활동에서 공정하고 정직한 자세로 임하기, 부모님과 선생님의 말씀 잘 듣기 등을 예로 들 수 있다. 이런 성실성의 예는 아동의 특정 활동 영역(학교생활, 가족과의 관계, 농구반 활동)에 적용해도 되고 전반적인 인성 발달 영역에 적용해도 된다. 제시하는 사례는 아이들 각자의 나이 또는 특정 장점이나 단점에 맞게 개별화시킬 수 있다.

반죽을 공 모양으로 빚다가 잠시 모양 다듬기를 멈추고, 반죽을 손바닥 위에 올려놓고 손가락을 살짝 벌린다. 이렇게 가만히 있으면서 아이들에게 설명을 이어간다. 살다보면 조심성이 없어지거나 도덕적으로 해이해져서 혹은 몸이 지치거나 마음이 약해져서 잘못된 선택을 할 때도 있다. 이런 나태한 상태를 습관화되도록 내버려 두고 장시간 방치하면 그것은 개인의 성장에 부정적 영향을 끼칠 수 있다. '성숙한' 사람이 되지 못하고 의기소침한 상태에 빠져 허우적거리게 된다.

이때쯤이면 공 모양이었던 반죽은 허물어져서 손가락 사이로 늘어져 줄줄 흐르고 바닥에 떨어져 내린다. 이것을 지켜보며 당신은, 유혹과 장애에 부딪칠 때 왜 사람들은 성실성을 유지하기 위해 지속적으로 노력하고 주의를 기울여야 하며 마음의 '근육'을 유지해야 하는지에 대해 질문할 수 있다.

5마당

사랑과 친절

활동 19 사랑의 불꽃

활동 20 설탕 한 스푼

활동 21 떠오른 계란

활동 22 빈 병 룰렛

아이들에게 주는 명언 한마디

중요한 사람이 되는 것은 멋진 일이다.
하지만 친절한 사람이 되는 것은 더 중요하다.

 부모들에게 주는 명언 한마디

사랑을 가정에서 가르치지 않는다면
다른 어떤 곳에서도 사랑을 배우는 것은 거의 불가능하다.

사랑하는 하느님

하느님께서 이 세상의 모든 사람들을 하나같이 사랑한다는 것은 참으로 힘드실 거예요. 우리 가족은 겨우 네 명인데도 다 사랑하기 힘들거든요.   — 래리

추신 : 카인과 아벨 같은 형제도 자기 방만 따로 있었더라면 서로를 그렇게 죽이지는 않았을 거예요. 그건 제 동생과도 마찬가지예요.

최근 우리 가족이 샌프란시스코에서 하루를 보내고 돌아오던 길이었다. 통행료 1달러를 받는 다리 입구에 가까워지자 나는 징수원에게 1달러를 공손하게 지불했다. 그런데 뜻밖에도 10대인 아들 세스가 재빨리 주머니에서 1달러 지폐를 꺼내서 징수원에게 건네면서, "이건 우리 뒤차 통행료입니다."라고 말하는 것이었다. 그 징수원도 우리만큼 놀라는 표정이었지만 세스에게 기분 좋은 윙크를 보내며 그 돈을 받았고 우리는 다리를 빠져나왔다. 부스 안의 징수원이 뒤차 사람

들에게 통행료를 받지 않고 우리가 내줬다고 설명하고 있을 때 우리는 자연스럽게 백미러로 뒤차에 탄 사람들의 반응을 지켜보았다.

우리 아들은 사소해 보일지도 모르는 '모르는 이에게 보내는 친절'을 베푼 것이었지만 뒤차에 타고 있던 낯선 사람들이 어떤 느낌이었을지 생각하는 것만으로도 우리 가족은 모두 기분이 흐뭇해졌다. 나는 집으로 돌아오는 내내 우리 아들이 너무 기특하다는 생각을 했다. 하지만 집에 와서 30분도 안 되어 게임을 서로 먼저 하겠다며 다투는 두 아이를 중재하면서 나는 불편한 진실을 깨달았다. 가끔은 자기 가족보다 완전히 낯선 사람, 또는 친구나 지인에게 친절을 보이는 것이 더 쉽다는 것이다. 날마다 한 집에서 서로 얼굴을 맞대며 온갖 예쁜 짓과 미운 짓을 다 보고 살다 보면, 형제자매나 부부 간에 항상 사랑스런 행동만 주고받을 수는 없다.

사랑을 가정에서 가르치지 않는다면 다른 어떤 곳에서도 사랑을 배우는 것은 거의 불가능하다는 말이 있다. 부모에게 자녀를 사랑하는 말과 행동은 자연스럽게 생겨나지 않는다. 그러므로 가족이라는 환경 속에서 친절한 말과 행동을 배우고 연습해야 한다.

누군가 뛰어난 야구 선수가 되고 싶다면 그 사람은 자기가 야구 기술에 능숙해질 때까지 수백 시간 동안 공을 던지고 받고 치는 훈련을 하지 않는가. 비록 우리가 사랑과 친절을 그런 '기술'로 생각하지는 않지만 가정에서 아이들과 함께 사랑, 공감, 인내, 예의를 촉진하는 반응 방식을 훈련하는 방법이 있다.

랍비 레우벤(Steven Carr Reuven)은 우리 아이들에게 가르쳐야 할 것은

"위대한 것은 눈에 띄는 삶의 제목에 있는 것이 아니라 작은 글씨의 본문에 있다. 그것은 드물게 찾아오는 엄청난 위기의 순간뿐만 아니라, 일상의 단순하고 평범한 순간에 다른 사람을 배려하는 것에 놓여져 있다."

라는 걸 일깨워주었다. 가정은 아이들에게 그런 행동을 가르치고 장려하기에 가장 이상적인 환경이다. 부모가 어떤 행동이 착한 행동인지 늘 일깨워주고 아이가 착한 행동을 하면 과학이나 수학에서 좋은 점수를 받아올 때 칭찬하는 것 못지않게 칭찬을 아끼지 말아야 한다.

어떤 엄마가 세 번째 아이를 분만했을 때 겪은 이야기를 내게 해주었다. 3세인 아들 피터는 새 아기가 생긴다는 사실에 매우 기뻐했지만 6세인 딸 캐티는 새로 생기는 '경쟁자'에게 질투와 원망의 느낌을 드러냈다. 엄마와 아빠가 시드니라고 이름 붙인 여자아이를 병원에서 집으로 데려오자 캐티는 토라져서 손가락을 빨기 시작했다. 캐티는 동생 시드니를 무시하며 부모가 보지 않는다고 생각할 때면 몰래 꼬집어서 울리곤 했다. 이런 행동은 손위형제가 새로 생긴 동생에게, 특히 성별이 같은 경우에 보이는 일반적인 반응이긴 했지만 캐티

의 엄마는 걱정이 되었다. 그래서 캐티도 새로 생긴 동생만큼 소중하고 사랑받는 아이라는 걸 느끼게 해줄 방법을 찾았다. 캐티의 엄마는 가족을 모두 모아놓고 '사랑의 불꽃'이라는 활동을 시도했다.

활동 19
사랑의 불꽃

참여 인원 3인 이상

나이 2세 이상

준비물 • 양초(1인당 1개씩) • 성냥 또는 라이터(1개)

• 신문지(여러 장)

가족에게 각자 하나씩 초를 나눠준다. 15~20cm 길이의 가는 초가 가장 좋지만 다른 종류의 초라도 괜찮다. 식탁이나 넓은 탁자 위에 촛농이 떨어지지 않게 신문지를 식탁에 펼친 후, 촛불만 환하게 빛나도록 주위의 조명을 모두 끈다. 아기들의 안전을 위해 조심해야 한다(부모나 큰애들이 초를 잡은 아이의 손을 감싸주면 좋다).

엄마나 아빠가 먼저 자기 초에 불을 붙이면서 촛불은 사랑을 나타낸다고 아이들에게 말해준다. 이제 자기 촛불로 배우자의 초에 불을 붙이면서, 어떻게 둘이 결혼해서 함께 사랑을 나누게 되었는지 얘기해준다. 배우자가 없을 경우 그냥 큰애의 초에 불을 붙여주면 된다. 이제 자기 초로 태어난 순서대로 아이들의 초에 하나하나 불을 붙여준다. 이때 아이들 한 명 한 명이 태어나 가족이 될 때마다 느꼈던 사랑의 감정에 대해 이야기해준다. 각자의 초에 불을 붙일 때, 부모의 초 심지를 아이의 심지 옆에 갖다 댈 때 순간적으로 얼마나 강하게 불꽃이 타오르는지 유심히 지켜보게 한다. 식구들의 초가 다 켜지면 다른 식구들에게 아래의 질문을 해보라. 이 질문들은 자녀들이 가족 간의 사랑과 친절을 표현하는 것에 대한 느낌을 공유하도록 이끌어줄 것이다

- 내가 촛불을 너희들에게 건네주고 나서 내 촛불이 더 약해졌니? 내가 새로 태어난 아이에게 촛불을 나눠주었을 때, 큰애나 배우자의 촛불이 꺼지거나 작아졌니? 사랑이 온 식구들에게 다 나눠지면 각자에게 돌아가는 사랑의 양이 줄어들었니?
- 모든 사람의 초에 불이 켜지니까 내 초만 켜져 있을 때에 비해 방이 더 밝아졌니? 아님 더 어두워졌니? 우리 가족의 빛이 주변에 슬프거나 외로운 사람들에게 사랑을 나눠줄 정도로 충분하니? 우리의 빛이 필요한 사람은 누구일까? 우리 가족 이외의 사람들에게 우리의 빛을 나눠준다면 우리의 빛이 줄어들까?
- 우리의 촛불을 모두 모아 불꽃이 서로 닿게 하면 무슨 일이 벌어질까? 혼자 촛불을 켜는 것보다 가족 전체가 함께 모여 불을 밝히니까 불꽃이 얼마나 더 밝게 타오르는지 보이니?

이 활동으로 캐티의 문제를 모두 해결하지는 못했다. 하지만 캐티

는 여동생의 촛불이 엄마의 촛불로 켜진 후에도 캐티 자신의 촛불이 '그전과 다름없이 밝게' 타고 있다는 사실에 정말 감동 받은 것 같다고 캐티의 엄마는 알려주었다. 아기 시드니에 대한 캐티의 태도는 가족 사랑에 대한 촛불 수업 이후에 조금 부드러워졌다.

  나 역시 이 활동을 우리 집 식구들과 해보았는데 아이들은 교훈을 바로 이해했다. 게다가 아이들은 내가 한 번도 생각하지 못했던 다른 통찰을 보여주었다. 그것은 이런 놀이를 하면서 얻을 수 있는 흥미로운 측면이었다. 여러분도 이런 활동을 하다보면 아이들의 참신한 시각에 놀랄 것이다. 아이들이 여러분에게 배우는 것처럼 여러분도 아이들로부터 새로운 것을 배우게 된다.

  우리 집 맏아들인 리안은 한 촛불이 다른 촛불로 옮겨붙을 때 불꽃이 순간적으로 밝아지는 것을 부모가 새로운 아이가 태어나는 순간에 느끼는 사랑에 비유할 수 있다고 말했다. 그리고 일정 기간 동안은 부모의 모든 관심이 새로 태어나는 아기에게 집중되면서 다른 아이들에 대한 관심은 상대적으로 줄어들게 된다. 하지만 촛불이 잦아들고 밝기가 비슷해지면 결국은 모든 식구들이 똑같이 사랑받고 있음을 느끼게 되는 것이라고 덧붙였다. 이 말은 맏이로 태어나 처음 2년 동안은 '외동아이'로 사랑을 독차지하다가 두 살에 동생이 태어나는 바람에 자기 자리를 빼앗기고 상대적으로 힘든 시기를 보낸 경험에서 나온 말이었다. 나는 리안이 이제 우리 아이들 모두가 자기 나름대로 다 특별하며 가족으로부터 사랑을 받고 있다는 사실을 이해했으리라 생각한다.

여기 제시된 질문을 다루다가 당시 여덟 살이던 내 딸 켈리가 아주 인상적인 교훈을 하나 생각해냈다. 켈리는 "엄마, 가족 중에 잠시 빛이 꺼진 사람이 있다면 아직 밝은 빛을 내고 있는 식구 중 누군가의 도움으로 다시 불을 밝힐 수 있겠죠?"라고 질문했다. 켈리는 감수성이 풍부해서 어느 가정이나 가족 중에 누군가 '밝은 빛'을 유지하는 데 어려움을 겪게 되는 때가 있다는 것을 안 것이다. 상황에 따라 그 사람은 필요한 사랑과 격려를 현명한 부모나, 정이 많은 언니, 믿어주는 조부모 혹은 심지어 무조건적으로 따르는 아홉 달 된 남동생으로부터 받을 수 있을 것이다. 나는 켈리가 언젠가 부모 중 한 사람의 빛이 어두워질 때가 있다는 걸 알아챘으리라 본다. 그런 깜깜한 시기에, 걱정스런 마음으로 당신의 초에 불을 붙여주고 싶어 하는 가족이 주위에 있다는 사실이 얼마나 감사한 선물인가!

활동 20

설탕 한 스푼

참여 인원 2인 이상

나이 4세 이상

준비물 • 그릇(1개) • 물(2/3그릇) • 후추(약간)
• 설탕(큰스푼 1개) • 비누(1개)

    준비한 그릇에 물을 담고 그 위에 후추를 충분히 뿌린다. 아이에게 후추는 친구, 형제와 자매, 부모와 선생님 같은 자기 주변의 사람들을 상징한다고 말해준다. 당신은 그 사람들의 이름을 하나하나 대면서 아이가 그 사람들과 실생활에서 어떻게 지내는지에 대해 이야기 나눈다. 우리가 주변 사람들과 어떻게 지내는가 하는 것은, 그 사람들을 어떻게 대하고 그들과 어떻게 대화하지에 따라서 정해진다. 말은 좋은 의미든 나쁜 의미든 강력한 도구가 될 수 있으므로 친구들에게 긍정적이고 친절하게 말하는 법을 배우는 것이 중요하다. 아이가 이런 말을 알아들을 나이가 들면 이 속담의 의미에 대해서 이야기를 나누어본다. "몽둥이와 돌멩이는 뼈를 부러뜨릴 수 있지만 말은 심장을 찢어지게 한다."

이제 물그릇에 비누를 넣으며 다른 사람과 대화할 때 친절한 말을 사용하지 않는 사람의 예를 들어본다. 아이에게 비누는 부정적이고 거친 말을 상징한다고 얘기하며 물속에 있는 비누를 손가락으로 만져보게 한다. 비누는 후추를 밀어내서 볼 가장자리로 흩어지게 만든다. 이 현상은 우리가 다른 사람들에게 불친절한 말을 하면 주변 사람을 자기 곁에 오지 못하도록 밀어내는 역할을 한다는 것에 비유할 수 있다.

설탕 한 스푼을 물 중앙에 쏟아부으며 설탕은 친절하고 상대방을 배려하는 말이 전해주는 달콤함을 비유한다고 말해준다. 이때 후추는 설탕 쪽으로 끌려간다. 다른 사람들을 사랑으로 대하면 그 사람을 자기한테 끌어당기게 되고 그 사람을 당신의 친구가 되도록 만들 수 있다는 이야기를 나눈다.

활동 21
떠오른 계란

참여 인원 2인 이상

나이 4세 이상

준비물 • 투명한 유리컵(1개) • 물 • 계란(1개)
• 소금(1/4컵) • 큰스푼(1개) • 네임펜(1세트)

어린 아이들에게는 계란의 한쪽 면에 얼굴을 그리게 한다 (큰 아이들일 경우, 이건 선택 사항이다). 다음은 물이 담긴 투명한 유리컵에 조심스럽게 계란을 넣고 바닥으로 가라앉는 과정을 지켜본다. 이때 아이들에게 이 계란은 주변 사람들로부터 사랑이나 인정을 받지 못하는 사람을 나타내고, 계란이 바닥에 가라앉는 모습은 그 사람이 느끼는 상태 즉 기운 없고, 슬프고, 우울하고, 인정받지 못하는 느낌을 나타낸다고 말해준다.

그런 다음 계란을 물에서 건져내서 옆에 놔두고, 한 번에 소금을 한 숟가락씩 물에 집어넣는다. 소금을 넣고 저으면서 소금은 누군가를 사랑받고 인정받고 있다고 느끼게 해주는 여러 가지 방법을 나타낸다고 설명한다. 이때 아이의 삶과 관련 있는 사례를 들어 얘기해주면 더 좋다. 학교에 새로 전학 온 친구와 같이 급식 먹으러 가기, 새로 이사 온 이웃에게 과자를 나눠주기, 자전거 타다 넘어진 사람 도와주기, 특별한 장난감을 친구와 같이 나눠 쓰기 등을 예로 들 수 있다.

소금을 다 넣고 나면 다시 계란을 물속에 넣는다. 이제 계란은 가라앉지 않고 둥둥 떠 있을 것이다. 어떻게 해서 계란이 '물속에 가라앉지 않고 떠 있게 되는지'에 대해 함께 얘기해본다. 아이는 사랑과 지지, 인정, 친절한 행동 등이 그 이유라는 것을 알게 될 것이다.

이 활동은 가족, 학급 혹은 동아리 그리고 종교 단체나 공동체 등에서 다른 사람에게 사랑과 지지를 보여주는 것이 얼마나 중요한 것인지를 강조하고 싶을 때 함께 해보도록 권하고 싶다.

활동 22
빈 병 룰렛

참여 인원 4인 이상
나이 3세 이상
준비물 • 유리병(1개) • A4용지(3장) • 연필(1개) • 그릇(1개)

 이 활동을 시작하기 전, 가늘고 길게 자른 종이쪽지 20장에다 아래에 제시된 미션 혹은 여러분이 생각해낸 미션을 하나씩 적는다. 같은 미션을 두세 번 적어도 무방하다. 이젠 그 종이쪽지들을 하나씩 접어서 그릇 안에 넣어둔다.

- 둘러앉은 사람 가운데 한 사람을 안아주세요.
- 내일 누군가를 위해 선행을 하겠다고 약속하세요.
- 여기 모인 사람 중 누군가에 대해 마음에 드는 점을 이야기해보세요.
- 여기 모인 사람 중에 한 사람을 골라 그 사람의 장점에 대해 이야기하세요.
- 여기 모인 사람 가운데 누군가 최근에 당신에게 도움을 준 것에 대해 이야기해보세요.

- 여기 모인 사람들 중 누군가가 다른 사람에게 사랑으로 대하는 것을 본 적이 있다면 이야기해보세요.

이제 둥그렇게 둘러앉아 빈 병을 가운데 놓는다. 그리고 한 사람을 지명하여 빈 병을 그 자리에서 돌리게 한다. 병이 돌다가 쓰러지면서 멈추면 병 입구가 가리키는 쪽에 있는 사람은 그릇 안에 있는 종이쪽지를 하나 집는다. 그 사람은 쪽지에 적힌 미션에 따라야 한다. 그 사람이 미션을 수행하고 나면 다시 병을 돌려 같은 방법으로 다음 차례를 정한다.

이 활동을 좀 더 단순화하면 미션을 적은 쪽지 없이도 할 수 있다. 원 모양으로 둘러앉은 다음 한 사람이 빈 병을 돌린다. 병이 돌다가 멈췄을 때 병 입구가 가리키는 쪽에 앉은 사람에 대해 뭔가 긍정적인 말(재능이나 장점 혹은 변화된 모습 등)을 다른 사람들이 차례대로 해준다.

6마당

좋은 습관 형성

활동 23 습관의 실 끊기

활동 24 자와 신문지

활동 25 깍지를 껴봐

활동 26 하나 둘 셋!

아이들에게 주는 명언 한마디

하라.
제대로 하라.
지금 당장 하라.

 부모들에게 주는 명언 한마디

남이 엿들으면 안 되는 말은
입 밖에 내지 말아야 한다.

여섯 살인 그레이는 부모님에게 그날 학교에서 일어났던 작은 화재 사건에 대해 설명했다. "언젠간 불이 날 줄 알았어요. 1년 내내 화재 예방 훈련을 해왔거든요."

부모처럼 교사도 어린이가 뭔가를 반복해서 연습하면 그것이 습관이 된다는 것을 잘 알고 있다. 습관은 의식하거나 노력하지 않아도 자연스럽게 하게 되는 일종의 무의식적인 패턴이다. 또한 어른들은 긍정적인 습관은 일찍 형성될수록 더 좋다는 것도 잘 알고 있다. 그리스 철학자 아리스토텔레스는 "어릴 때 형성된 습관에 의해 모든 차이가 생긴다."라고 말했다. 이처럼 습관은 좋든 나쁘든 그 영향이 너무나 강력하기 때문에 부모가 자녀의 좋은 습관 형성에 관심을 갖고 지도하는 것은 꼭 필요한 일이다.

나쁜 습관은 좋은 습관만큼이나 아이들의 몸에 배기 쉽다. 대부분의 경우 나쁜 습관은 나중에 끼치게 될 부정적 영향보다는 당장에 얻게 되는 육체적 또는 심리적 이익이 몇 배나 더 크기 때문에 실제로 더 큰 힘을 발휘하는지도 모른다. 아이들이 나쁜 습관을 깨뜨리려면 오랜 시간 어려운 싸움을 해야 할 것이다. 그러나 그 힘든 시간을 이겨내고 좋은 습관이 형성되고 나면 무한한 자유를 만끽할 수 있다.

좋은 습관은 길들이기는 어렵지만 삶을 편하게 만들고, 나쁜 습관은 몸에 배기는 쉽지만 삶을 어렵게 만든다는 원칙을 아이들은 결국 이해하게 될 것이다.

어떤 사람이 습관을 선택한다는 것은 그로 인한 결과까지도 선택하는 것을 포함한다. 그리고 그 결과는 먼 장래에까지 영향을 미친다. 한 엄마가 아침에 아들을 침대에서 깨우는 이야기가 기억난다. 엄마는 침대에 누워 있는 아들에게 "이제 일어나. 일어날 시간이다. 일어나 학교 가야지."라고 말했다. 하지만 아들은 이불을 머리 위까지 뒤집어쓴 채 끙끙거리며, 이런 말을 반복했다. "일어나기 싫어요. 안 가요…. 학교 가기 싫어요!" 엄마가 다시 말했다. "가야지. 중요한 일이야." 아들은 이불 속에서 얼굴을 내밀고 대꾸했다. "그게 뭔데요? 학교를 가야 할 이유를 두 가지만 대보세요." 이에 엄마가 대답했다. "첫째, 넌 마흔두 살이다. 둘째, 넌 교장이다."

습관은 좋은 것이든 나쁜 것이든 간에 우리 삶의 전반에 영향을 끼친다. 따라서 부모는 자녀가 어릴 때 좋은 습관을 갖도록 도와주는 것만으로도 아이의 장래에 대해 많은 영향을 미칠 수 있다.

나는 우리 집 아이들의 식사 예절을 보면 도대체 내가 아이들에게 지금까지 뭘 가르쳤나 하는 의구심이 들 때가 있다. 식탁에 팔꿈치를 올리고, 교양 없이 먼저 집어먹고, 냅킨은 아무데나 걸치고, 필요 이상으로 쩝쩝거리면서 먹는다(집에 애들이 다섯인데 하나만 딸이고 다 아들이다!). 나는 아이들에게 백악관에 초대받아 만찬을 먹을 때나 첫 데이트에서 코스 요리를 먹을 때도 이런 식의 식탁 매너를 보일 거냐고 핀잔을 주지만 아이들은 전혀 개의치 않는다.

이런 상황에 직면하면 나는 예의범절을 깍듯하게 갖춘 아이들로 키워야겠다는 마음은 이제 버려야지 하는 생각과 동시에 화가 난다. 그럴 때마다 어금니를 꽉 깨물고 "기대를 낮추자, 기대를 낮추자, 낮추자…."하고 스스로에게 주문을 건다. 이때 아들 녀석이 농구공을 들고 달려 나가며 "저기, 엄마… 저녁 맛있게 잘 먹었어요!"라고 큰 소리로 외치면, 냉담했던 마음이 언제 그랬냐는 듯 녹아내린다. 이게 부모마음일까! 우리가 잊지 말아야 할 것은 자녀들에게 좋은 습관을 가르치는 일이 절대적으로 중요하다고 할지라도 행복과 사랑의 관계를 해치면서까지 해서는 안 된다는 점이다.

앞으로 소개할 활동들은 자녀들에게 좋은 습관의 중요성을 일깨워 주려고 할 때 큰 어려움 없이 시도해볼 만한 방법들이다.

활동 23
습관의 실 끊기

참여 인원 2인 이상
나이 4세 이상
준비물 • 막대기 또는 나무젓가락(2개)   • 바느질용 실(1뭉치)

먼저 한 아이에게 막대 두 개를 들고 30cm 간격으로 벌리라고 한다. 아니면 두 아이에게 막대를 하나씩 들고 30cm 정도 떨어져 서 있도록 한다. 실은 막대기 둘레에 한 번 감아 꼭 묶는다. 막대기를 잡고 있는 아이에게 막대기를 벌려서 실을 끊어보라고 한다. 실은 쉽게 끊어질 것이다. 이제 막대기 둘레와 그 사이에 실을 두세 번 감은 후 실을 끊어보라고 한다. 처음보다는 어렵겠지만 실은 또 끊어질 것이다. 이번에는 다시 실을 대여섯 번 돌려 감는다. 아마도 이번에는 실이 끊어지지 않을 것이다.

이제 아이에게 습관을 실에 비유하여 설명해준다. 나쁜 습관들(장난감 내버려 두기, 숙제 안 하기, 집안일 안 하기, 말대꾸하기, 담배 피우기 등)도 시작 단계에서 바로잡으면 쉽게 그만둘 수 있지만 반복하면 할수록 고치기가 점점 더 어려워진다. 반면에 좋은 습관들(차에 타면 안전벨트 매기, 이 닦기, 잠자리 정리하기, 장난감과 옷 정리하기, 진실만 말하기 등)은 매번 훈련할수록 강화되고 반복함으로써 발전하게 된다. 결국에는 천성이 되어 쉽게 없어지지 않는다. 막대기에 겹겹이 감은 실처럼 단단하게 자리 잡는다.

다음은 습관을 익히고 바꾸는 일에 관한 토론을 시작할 때 사용할 수 있는 몇 가지 질문 또는 주제들이다. 질문 또는 주제들이다. 가족 전체가 개선해야 할 습관 목록을 만들고, 의논해서, 매달 바로잡을 계획을 세워보자.

- 네 몸에 밴 고쳐야 할 나쁜 습관으로는 어떤 게 있을까?
- 네가 익히고 발전시켰다고 생각하는 좋은 습관을 하나를 예로 들어줄래? 그게 어떻게 습관이 되었는지 기억할 수 있니?
- 나쁜 습관이 몸에 밴 사람을 알고 있니? 그 사람이 그 습관을 깰 수 있을까? 어떻게 하면 될까?

4명의 자녀를 둔 아버지 크리스 랭포드는 이 활동을 하면서 겪었던 경험을 들려주었다. 크리스와 그의 아내는 12세인 아들 매트가 나쁜 말하는 습관이 굳어지고 있는 건 아닐까 걱정이 되었다. 아들이 집주변에서는 좀 조심하는 것 같다가도 친구들과 얘기할 때면 거칠게 말하는 것을 여러 차례 보게 된 부부는 이 나쁜 말버릇이 몸에 배기 전에 바로잡아야 한다는 점을 아들에게 설득하고 싶었다. 랭포드 부부는 4명의 자녀들과 함께 막대기와 실 활동을 해보았는데 매트에게는 이 활동은 너무 쉬운 것 같았다. 그래서 랭포드씨는 이 활동이 주고자 하는 교훈을 아들 머리에 콕 박히게 심어주려고 매트를 데리고 야외로 나갔다.

아버지는 매트와 함께 집 뒤의 들판을 걸으면서 매트에게 작은 잡초 하나를 뽑아보라고 했다. 아버지와 심각한 대화가 힘들었던 매트는 당장 그 잡초를 뽑아서 내던져 버렸다. 아버지는 계속 아들에게 다른 잡초를 뽑으라고 시켰는데 매번 잡초의 크기는 더 커졌다. 이렇게 걸으면서 아버지는 자신이 파악하고 있는 매트의 언어 사용 문제를 화제로 삼아 그런 말은 나쁜 습관으로 쉽게 자랄 수 있다는 점을 지적했다.

아버지는 그 습관을 잡초에 비유했다. 잡초는 처음 싹트거나 어릴 때는 뽑아서 없애버리기가 쉽지만 오래 방치할수록 커져서 나중에는 뽑아버리기가 힘들어진다. 아버지가 뽑으라고 한 마지막 잡초는 매트의 허리까지 오는 것이어서 매트가 아무리 용을 써도 뽑을 수가 없었다.

얻어야 할 교훈은 명백했다. 잡초가 처음 날 때는 언제든 뽑아버릴 수 있지만 점점 자라 뿌리가 단단하게 자리 잡으면 그땐 뽑아버리기가 힘들다. 습관도 마찬가지다. 초기에는 알아채기 힘들 정도로 미약하지만 자꾸 하다 보면 벗어나기 힘든 족쇄가 된다는 것이다.

아들이 이 활동을 하는 동안에 별말은 없었지만 아빠는 장황한 설교 없이도 말하고자 하는 바를 잘 전달한 것 같은 느낌을 받았다. 집으로 돌아오는 길에 아빠는 매트와 함께 우리 뒷마당에 뽑아야 할 잡초가 많다는 농담을 하며 웃을 수 있었다.

활동 24
자와 신문지

참여 인원 2인 이상

나이 6세 이상

준비물
- 플라스틱 자(1개, 30cm) · 신문지(1장)
- 매직펜(1개) · 탁자(1개)

활동을 시작하기 전에 신문지 한 장을 펼치고 가로로 '나쁜 습관'이라고 크게 쓴다. 그리고 사람들이 좋은 습관이든 나쁜 습관이든, 습관을 어떻게 형성하는지에 관해 대화를 나눠보고, 그들 또래의 아이들에게서 흔히 볼 수 있는 전형적인 나쁜 습관 몇 가지를 열거해보라고 한다. 예를 들어 떼쓰기, 부모님 말씀 안 듣기, 안전벨트 안 매기, 말대꾸하기, 이 안 닦기, 욕설하기, 집안일 하지 않기, 자전거 안전모 쓰지 않기, 담배 피우기, 마약하기, 친구와 선생님한테 거짓말하기, 시험 볼 때 부정행위 하기 등을 예로 들 수 있을 것이다. 상황이 허용한다면 그 학생이 갖고 있을 법한 특정 문제 하나에 초점을 맞출 수도 있다.

자를 12cm 정도 밖으로 튀어나오도록 탁자 끝에 놓는다. 이때 자는 어떤 사람, 더 구체적으로 지금 지켜보고 있는 아이들 중 한 명이라고 얘기한다. 이젠 신문지를 펼쳐서 탁자 위에 놓인 자를 덮는다. 아이들에게 탁자 밖으로 삐져나온 자를 내리칠 때 이 나쁜 습관(신문지)이 그 사람(자)을 떨어지지 않게 유지할 만큼 강한지 생각해보라고 한다. 아이들은 틀림없이 신문은 아주 얇아서 자가 떨어지는 걸 막지 못할 것이라고 대답할 것이다. 이제 순간적으로 날카롭게 자의 삐져나온 부분을 내리친다. 신문은 찢어지지 않고 자는 주먹 타격에도 끄떡없거나 반으로 부러질 것이다(신문이 자보다 상대적으로 넓어서 생기는 공기압의 영향이다).

얇은 신문이 보기보다 잘 안 찢어지듯이 나쁜 습관도 언제든 버릴 수 있을 것 같지만 그렇지 않다는 사실에 대해 대화를 나눠보라. 사람들은 나쁜 습관이 우리 삶을 통제하고 자신의 자유를 지배하는 장악력이 있다는 사실을 잘 알아채지 못한다. 대부분의 경우 사람이 나쁜 습관을 깨뜨리는 것보다 나쁜 습관이 사람을 '망가뜨리는' 일이 더 일반적이다. 흡연을 예로 들자면, 처음 피우는 담배는 별로 해로워 보이지 않는다. 그리고 모든 흡연자들은 자기에게 담배를 마음대로 피우기도 끊기도 할 수 있는 자제력이 있다고 믿는다. 하지만 결국에는 큰 신문지처럼, 많이 피운 담배의 누적 효과는 니코틴을 흡입하도록 몸에 큰 압력을 가함으로써 그 사람을 담배의 노예로 만들고 만다. 중독된 사람은 자기 몸에 대한 통제력을 상실하게 된다.

어린 아이들에게는 이를 닦지 않는 습관에 관해 얘기해보면 어떨까? 처음에는 습관이 자기를 속인다. 하룻밤 정도 이를 안 닦는다고 해서 그 영향이 그리 오래 지속될 것이라고 믿는 아이는 아무도 없다. 그런데 그렇지 않다. 나쁜 습관이 한 달 내지 몇 년 동안 쌓이게 되면 이가 아프고 충치가 생기며, 보기에도 흉한 모습을 가져올 것이기 때문이다.

활동 25

깍지를 껴봐

참여 인원   2인 이상

나이   5세 이상

준비물   없음

이 활동은 아주 간단히 할 수 있다. 자동차를 타고 가다가 또는 공항이나 병원에서 기다리는 시간에 해볼 수 있다. 한 아이와 할 수도 있고 동시에 여러 명이 할 수도 있다. 다음의 활동을 아이들과 함께 해보자.

- 아이에게 양손의 깍지를 껴보라고 한다. 그리고 어느 쪽 엄지손가락이 위로 올라오는지 살펴보게 한다. 이제 다른 쪽 엄지손가락이 위로 올라오게 깍지를 껴보게 한다. 엄지를 바꾸면 나머지 손가락들도 따라서 바뀌어 끼게 될 것이다. 이때 편안한 느낌이 드는지 물어본다.
- 아이에게 의자에서 다리를 꼬고 앉으라고 한다. 어느 다리가 위로 올라오는가? 이번에는 위에 올라온 다리를 아래로 넣어서 꼬고 앉

도록 한다. 다리를 바꿔도 느낌이 편한지 물어본다.
- 아이에게 학교에서 선생님의 질문에 답변할 때처럼 손을 번쩍 들어보라고 한다. 그리고 어느 손이 위로 올라가는지? 글씨 쓰는 손과 같은 손인지? 손가락 깍지 낄 때 위에 올라오는 엄지와 같은 손인지? 확인하게 한다.
- 아이에게 팔짱을 껴보라고 한다. 어느 팔이 위로 올라오는가? 이번에는 팔을 바꾸어 반대로 팔짱을 껴보라고 한다. 대부분의 아이에게 이것은 꽤 어려우므로 여러분이 도와줘야 할 수도 있다. 팔을 바꾸었을 때 편안한 느낌이 드는지 물어본다.
- 아이에게 손가락 두 개를 부딪쳐 딱딱 소리 나게 해보라고 한다. 엄지와 어떤 손가락을 쳐서 소리를 내는지 살펴보게 하라. 그 손가락 말고 다른 손가락을 사용하여 소리를 내보라 하고, 편한 느낌이 드는지 물어본다.
- 아이에게 손뼉을 몇 번 치도록 한다. 대체로 한 손이 다른 손보다 약간 위로 올 것이다. 이번에는 손을 바꾸어 다른 손이 약간 위로 오도록 해서 손뼉을 쳐보게 한다. 어떤 느낌이 드는지 물어본다.

이 활동의 목적은 한번 몸에 밴 습관을 고치는 것이 얼마나 어려운지를 깨닫게 하는 데 있다. 위에서 예로 든 습관들 모두 옳고 그름을 판단할 수 있는 것이 아니다. 사람들은 제각기 아주 어릴 때부터 팔짱끼기나 손뼉 치기를 하는 저만의 방법을 자기도 모르게 형성해나간다. 그리고 일단 한번 틀이 잡히고 나면 일생 동안 똑 같은 방식으로 반응하게 되어 있다.

그러나 위 활동들과는 달리, 습관들 중에는 옳거나 그르다고 할 수 있는 것들이 있다. 약속 시간 지키는 것과 지각하는 것, 운동하는 것과 게으름 피우는 것 등을 예로 들 수 있다. 이런 습관들은 대부분 먼 미래까지 심각한 영향을 미치기 때문에 아주 어릴 때부터 현명한 습관을 들이는 것이 중요하다.

활동 26
하나 둘 셋!

참여 인원	4인 이상
나이	5세 이상
준비물	• 천 원 지폐(1인당 1장씩)
	• 리본 또는 줄(1인당 1개씩, 50cm 정도)
	• 클립 또는 옷핀(1인당 1개씩)

　　　　　　　　　　이 활동은 다양한 형태의 그룹과 다양한 상황
　　　　　　　　에 맞추어 해볼 수 있다. 가족 몇 명이 저녁 식
탁에 둘러앉아 할 수도 있고 다수의 성인이나 10대가 모인 자리에서
분위기를 조성하는 게임으로도 진행할 수도 있다. 이 활동의 유일한
단점은 현금이 좀 필요하다는 것이다.

　리본이나 줄을 사람의 머리 둘레를 편하게 맬 정도의 길이로 자
른 후 긴 목걸이처럼 연결하여 목에 건다. 각자 핀을 이용하여 지폐
를 리본 끝에 꽂아서 마치 천 원을 옷에 붙이고 있는 것처럼 만든다.
특별 파티나 '올림픽 경기 전야제' 같은 날에 아주 사치를 부리고 싶
다면 500원짜리 동전을 리본에 테이프로 붙여서 메달처럼 사용해도

좋다. 각 참가자에게 지폐를 나눠주기 어려운 큰 모임이라면 입장하는 모든 참가자들에게 그냥 천 원을 달라고 하고 30분 안에 두세 배를 만들 수 있다고 일러준다.

이 활동은 참가자들끼리 자연스럽게 서로 어울리고 인사를 나눌 수 있도록 모임 시작될 때 하면 좋다. 이 활동을 해보면, 사람들이 서로 대화할 때 사용하는 어휘와 표현 대부분은 습관에서 자동적으로 튀어나오는 반응이라는 것을 알 수 있다.

시간은 15분이든 30분이든 적절하다고 생각하는 정도로 설정한다. 정해진 시간 동안 누구든지 어떤 사람이 '아니요' 또는 '글쎄요'라는 단어를 사용하는 걸 들으면 그 사람이 목에 걸고 있는 돈을 몽땅 뺏어올 수 있다고 설명해준다. 만약 윌이 5천 원을 모아서 걸고 있었는데 그가 '아니요'라고 하는 걸 브룩이 들었다면 브룩은 윌이 가진 5천 원을 전부 가져갈 수 있는 것이다. 당신 목에 얼마를 걸고 있든지 상관없다. 누군가 당신이 '아니요'라고 말하는 것을 들었다면 갖고 있는 돈을 전부 내줘야 한다.

정해진 시간이 지나 게임이 끝나면, 그 순간 각자의 목에 '걸려 있는' 돈은 그 사람이 가져가면 된다. 나는 이 게임에서 30배나 더 벌어가는 사람을 본 적이 있다. 이 게임은 사람들을 서로 어울리게 만들 수 있는 아주 효과적인 방법이다. 참가자 모두가 상대로부터 '아니요' 또는 '글쎄요'라는 대답을 유도하려고 주의를 집중하다 보면 모임 분위기는 달아올라 훨씬 즐거워진다.

분명 이 활동은 그냥 재미로 해볼 수 있는 게임이다. 우리 가족 또한 수년 동안 다양한 모임에서 이 게임을 즐겨 해보았다. 하지만 이 게임은 습관의 힘이 얼마나 강한지를 소개하는 활동으로 활용할 수도 있다. 어떤 한 단어를 사용하면 자기 돈을 고스란히 빼앗기는 데도 불구하고 사람들은 습관화된 반응을 자제하기가 무척 힘들다. 이 활동은 우리가 서로 어떻게 의사소통하고 있으며, 그런 의사소통 방식을 어떻게 개선할 수 있을지에 대한 토론을 촉진할 것이다.

자녀들에게 다음과 같은 상황에서 자기가 자동적으로 보이는 반응은 어떤 것인지 물어본다. 그런 다음 좀 더 효과적인 다른 방안을 생각해보라고 한다. 자녀의 나이에 적합한 다른 상황을 제시해줄 수도 있다.

- 학교에서 아주 못된 짓만 골라하는 남자아이가 공이 찼는데, 그 공이 날아와 내 얼굴을 정통으로 때렸다.
- 언니가 내 새 옷을 빌려 입고는 그것을 빨랫감에 던져놓았다.
- 재미있는 컴퓨터 게임을 한창 하고 있는데 아빠가 밖에서 잔디를 깎으라고 부르신다.
- 안경을 새로 맞춰 썼는데 학교에서 상급생이 당신을 '눈 4개짜리'라고 놀린다.
- 당신이 생일잔치에서 막 선물로 받은 장난감을 다른 아이들이 먼저 뜯어서 놀고 있다.

이런 상황에서 만족스러운 결과를 얻으려면, 아이는 수많은 사회적 기술을 배워야 하는데 효과적인 의사소통 기술은 그중 가장 중요하다. 아이들은 부모를 늘 주의 깊게 관찰하고 있으며 언제나 보고 듣는 것으로부터 배우기 때문에 부모는 가정에서 항상 긍정적이고 효과적이며 존중하는 자세로 말하고 들어야 한다. 가정에서 길러진 아이의 의사소통 습관은 그 아이가 인생을 살아가면서 걸림돌로 작용할 수도 아니면 성공의 발판 역할을 할 수도 있다.

7마당

목표 수립

활동 27 목표 지킴이

활동 28 도미노 게임

활동 29 편지 왔어요

활동 30 나는 슈퍼맨

아이들에게 주는 명언 한마디

천 리 길도 한 걸음부터.

부모들에게 주는 명언 한마디

시간의 모래 위에 발자국을 남기고 싶다면
작업화를 신는 게 낫다.
― 르그랑 리차드

막내아들이 유치원에 처음 다녀온 날, 나는 아이에게 그날 많은 걸 배웠는지 물어보았다. 그러자 아이는 "아뇨, 내일 또 가야 되요."라고 대답했다. 아이는 곧 삶의 대부분은 '되풀이의 연속'이라는 것, 한 번에 한 걸음씩 조금씩 배우는 것이라는 걸 알게 될 것이다. 대부분의 아이들은 올림픽에서 금메달 따는 것을 목표로 삼았던 선수들이 마침내 성공하여 기쁨으로 환호하는 모습에 주목한다. 하지만 그 선수들이 얼마나 오랜 세월 동안 꿈을 향해 한 걸음 한 걸음 내딛어 왔는지는 잘 모르는 것 같다.

그들은 성취 가능한 목표를 설정하고, 성공을 향한 사다리를 하나하나 딛고 올라서며 열심히 노력한 결과로 자신의 꿈을 실현시킨 것이다.

모든 아이들이 올림픽에 출전하는 것은 아니다. 하지만 아이들은 누구나 나이가 들어감에 따라 자기만의 욕구와 소망, 희망과 꿈, 성취하고 싶은 목표 등을 갖게 된다. 따라서 자녀가 아주 어린 나이라면 작고 성취 가능한 목표를 설정하는 것에서부터 얘기를 시작해보자. 아울러 아이가 기분 좋은 성취감을 느낄 수 있는 방법들을 찾아보자.

그런데 어떤 사람들은 '목표'라는 단어만 언급하면 농담처럼 받아들이고 코웃음을 치곤 한다. 그동안 살면서 너무나 많은 목표를 설정했지만 실제로는 대부분 성취하지 못하고 끝난 경험들 때문일 것이다. 몸무게 10킬로그램을 빼겠다고 결심하고 작심삼일(아니면 고작 3시간?)로 끝난 게 얼마나 많았던가? 텃밭에 채소를 가꾸겠다고 마음먹었다가 화분에 꽃 두 송이 심는 걸로 끝나버리지는 않았는가? 경력에 도움 되려고 야간강좌를 듣기로 한 것은 또 어떻게 되었나? 하루 온종일 일하고 집에 돌아와 아이들 뒤치다꺼리하느라 파김치가 된 몸을 이끌고 잠자리에 들었을 때, 통장 잔고가 부족해 강좌수강료가 이체되지 않았다는 사실에 안도하진 않았는가?

부모들도 21세기의 과열된 삶에 치여 하루하루 생존을 위해 이리저리 뛰어다니고 내일은 오늘보다 더 나아지겠지 하는 막연한 기대를 갖고 정신없이 살고 있다. 이러다 보니 삶을 돌아보거나 목표를 세우는 일이 공허한 노력처럼 느껴진다. 우리 부모들이 이러한 상황에 놓여 있다면 어떻게 아이들에게 목표설정의 중요성을 이야기할 수 있겠는가?

그러나 목표를 설정하는 일은 오히려 이렇게 빠른 속도록 돌아가는 생활의 연속인 현대인들에게 더욱 필요한 일이다. 돈을 잘 쓰기 위해서는 예산을 짜듯이 시간을 잘 쓰기 위해서는 목표를 설정해야 한다. 예산과 마찬가지로 목표란 좀 더 만족스러운 미래를 위해 눈앞의 보상을 희생하는 것이라는 것을 아이들에게 보여줄 필요가 있다. 목표는 설령 도달하는 데 실패한다 해도 우리를 옳은 방향으로 이끌어준다.

이번에 도달하지 못했다면 좀 더 현실적인 기대치를 세우고 다시 시도하면 된다. 아이들은 부모의 성공과 실패의 과정을 지켜보면서 사람이 살다보면 머리를 부딪칠 수도, 발부리에 걸려 넘어질 수도, 완벽하지 않을 수도 있지만 모두 다 괜찮다는 것을 배우게 될 것이다. 또한 아이들은 부모가 실수 앞에서 '다시 일어나 툭툭 털고 새롭게 시작하는 것'을 지켜보면서 실수가 오히려 우리에게 엄청난 배움의 기회를 제공한다는 것도 이해하게 된다.

목표 설정에 검은 띠를 따야 할 필요는 없다. 하지만 우리는 어린 아이가 걸음마를 배우듯이 꿈과 이상을 향해 나아가는 방법을 배울 필요가 있다. 이어지는 활동들은 여러분의 아이가 자신의 목표에 대해 생각해볼 수 있도록 도와줄 것이다.

활동 27

목표 지킴이

참여 인원 2인 이상

나이 5세 이상

준비물 • 동전(10-20개) • 단지 또는 그릇(1개)

• 머핀틀 또는 홈이 여러 개 패인 비스킷틀

(틀 6개짜리는 2개, 12개짜리는 1개)

먼저 아이에게 간단한 게임을 해볼 것이라고 말하고 나서, 동전 한 움큼을 보여주며 이것은 '목표 지킴이'라고 불리는 특별한 동전이라고 설명해준다. 아이에게 몇 미터 떨어져서 동전을 던질 테니 잡아보라고 한다. 그리고 나서 동전 한 움큼을 한꺼번에 던진다. 동전이 한꺼번에 날아가면 아이는 기껏해야 한두 개 정도 잡을 것이다.

다시 동전을 모아 던지는데, 이번에는 한 번에 한 개씩 아이를 향해 조심스럽게 던져준다. 동전을 모두 던지고 난 다음 아이가 몇 개나 잡았는지 세어본다(동전을 잡았길 희망해본다).

이 동전을 '목표'라고 부르는 까닭은 동전이 목표와 같기 때문이라고 말해준다. 한꺼번에 목표를 너무 많이 잡고 성취하려 하면 한꺼번에 던진 동전처럼 대부분 실패한다. 그러나 목표를 계획적으로 사전에 숙고하여 한 번에 한두 개씩만 세운다면 성공 확률은 높아지고 덜 허둥거리게 된다는 점을 얘기해준다.

초등학교 고학년이나 10대들에게는 이 활동을 단기와 장기 목표를 설정하는 원칙과 연결시킬 수 있다. 아이들이 한꺼번에 동전을 모두 잡을 수 없는 것처럼 장기 목표 또한 하룻밤 사이에 이루어질 수는 없다. 먼저 장기 목표를 잘게 쪼개어 세분화한 후 한 번에 한 걸음씩 내딛어야 한다. 이런 생각은 피아노 배우기, 우수상 타기, 학기말 보고서 작성하기, 프로젝트 작업 수행하기, 체중 감량하기, 새 자전거 구입하기, CD 플레이어 구입하기, 상급학교 등록금 마련하기 등의 목표에도 적용할 수 있다.

나는 어린아이들에게 이 활동을 재미있는 동전 던지기 게임으로 즐기도록 한다. 가장 쉬운 방법은 동전을 미리 준비한 단지나 그릇에 그냥 던지는 것이다. 아이들 각자에게 동전 3-4개를 주고 미리 정한 선이나 구획선 뒤에 서도록 한다. 한 사람이 던지고 나면 다음 차례의 사람이 던진다. 아이들은 각자 그릇 안에 들어가는 동전의 숫자만큼 점수를 얻게 된다.

이 게임을 좀 더 흥미진진하게 하는 방법은 동전을 머핀틀에 넣는 것이다. 틀 안에 동전이 들어갈 때마다 1점을 주는데 중앙에 있는 두 개의 빵틀에 들어가면 2점을 준다. 더 정교한 게임에 도전하고 싶다면 각 빵틀에 테이프로 번호로 붙인다(12개 머핀틀에 1부터 12까지의 번호를 붙인다). 각 틀에 붙은 숫자가 동전 1개를 넣을 때마다 획득할 수 있는 점수이다. 동전 던지기가 끝나면, 동전이 들어간 빵틀의 번호에 해당하는 점수들을 합하면 된다.

    나는 이 활동을 아들 알렉스가 여덟 살이었을 때 함께 해보았다. 어느 날 밤 이야기를 나누다가 알렉스의 입술이 파르르 떨리고, 크고 푸른 눈에 눈물이 그렁그렁 고이는 게 보였다. 아이는 얼마 전 보이스카우트에 가입해 매우 신났지만 동시에 그의 첫 진급의 상징인 '보브캣' 배지를 따는 것에 대해서는 조금 두려움을 느끼고 있었다. 진급하려면 해야 할 일들을 적은 목록이 한 페이지나 되었기 때문에 아이는 자기 분대의 다른 아이들을 '따라잡으려면' 하룻밤 사이에 그것을 다해내야 한다는 중압감을 느끼고 있었다. 나는 아들이 좌절감에 휩싸여 있는 것을 지켜보다가 동전 한 줌을 쥐고 이 게임을 했다.
    나는 아들에게 "한꺼번에 동전을 모두 잡지 못하는 것처럼 스카우트 과제를 한 자리에서 모두 해치울 수는 없는 일이다. 동전을 한 번에 하나씩 받으면 더 잘 받을 수 있듯이 '보브캣' 배지를 달겠다는 목표 또한 한 번에 한 단계씩 해결해나간다면, 성공 확률도 높아지고 스트레스도 덜 받을 것이다."라고 설명해주었다. 알렉스는 이 개념을 바로 이해하고는 마음이 편안해져서 함께 머핀틀 맞추기 게임까지 즐길 수 있었다.

활동 28
도미노 게임

참여 인원	2인 이상
나이	6세 이상
준비물	• 도미노(1세트 이상)

먼저 30개의 도미노를 한 줄에 10개씩 세 줄로 줄지어 세워놓는다. 그런 다음 첫째 줄은 중간쯤에서 도미노 사이의 간격을 5~7cm 정도 띄워놓아 이 줄 전체가 쓰러지지 않게 한다. 둘째 줄은 줄 중간에 있는 도미노 하나를 중심에서 살짝 벗어나게 해서 연쇄 반응이 완성되지 않도록 만든다. 셋째 줄은 모든 도미노가 연달아 쓰러질 수 있도록 간격을 촘촘하게 해서 똑바로 세운다.

인생에서 목표를 세우는 것이 어떻게 당신에게 도움이 될 수 있는지를 설명하면서 이 활동을 시작한다. 목표 설정은 학교에서 좋은 성적 올리기, 어떤 프로젝트 완수하기, 피아노 연주 배우기, 농구 배우기, 집안일 돕기 등 온갖 일에 다 적용해볼 수 있다. 장기 목표를 이루기 위해서는 궁극적인 목표를 향해 나아갈 수 있는 세분화된 작은 목표 여러 개가 있어야 한다고 설명한다. 여기서 각각의 도미노는 잘 계획된 작은 목표들을 나타낸다.

먼저 아이에게 중간에 간격을 띄워놓은 첫째 줄을 쓰러뜨리도록 한다. 도미노 간격이 벌어져 있는 중간 지점에서 쓰러지던 도미노의 흐름은 멈출 것이다. 이때 아이에게 최종 목표로 가는 과정에서 중요한 단계를 건너뛰면 성공할 수 없다는 점을 지적한다. 예를 들어, 아이가 자전거 사기라는 큰 목표를 이루기 위해 여름 내내 잔디를 깎아 저축하기라는 세부 단계를 세웠는데 그렇게 번 돈을 쓸데없는 곳에 허비했다면 아이는 그 계획에서 아주 핵심적인 과정, 즉 전액 저축이라는 단계를 건너뛴 것이다.

아이에게 중간에 중심에서 벗어난 도미노가 있는 둘째 줄을 쓰러뜨리게 한다. 이 줄도 연쇄 반응이 중간에서 멈출 것이다. 여기서는 우리가 목표를 향해 나아가는 길에서 벗어난다면 원하는 결과를 얻지 못한다는 사실에 대해 얘기할 수 있다. 가령, 어떤 아이가 플루트 연주를 배우기 위해 교내 밴드반에 가입했지만 이 일이 생각보다 어려워지자 친구와 전자 키보드를 배우기로 한 경우를 예로 들 수 있다.

이제 아이에게 셋째 줄을 쓰러뜨리도록 한다. 연쇄 반응이 줄 끝까지 이어질 것이다. 잘 짜인 작은 목표들이 어떻게 우리를 성공적으로 목표에 이르게 할 수 있는지에 대해 이야기한다. 더 의미 있는 활동이 되게 하려면, 아이가 하려고 하는 일(학교 회장단 선거에 출마하기, 새 신발 살 돈 모으기, 음악 악보 외우기, 과학 프로젝트 완수하기 등) 중에서 하나를 선택하고 이 장기 목표를 이루는 데 도움이 되는 작은 목표들에 대해 의논하는 것이다. 여기서 작은 목표 하나하나는 각각의 도미노를 나타낸다. 이 재미있는 활동을 통해 아이를 목표 세우기의 가치에 대한 토론으로 이끌 수 있다.

- 목표를 적어 두는 것은 좋은 생각인가? (기록은 목표를 정하고 기억하고 실행하는 데 도움이 된다. 그리고 어린 아이들에게는 목표를 그림으로 그리는 것이 글로 쓰는 것만큼 효과적일 수 있다)
- 목표에 도달하지 못하면 무엇을 할 수 있을까? (낙담하지 마라. 처음에 성공하지 못한다면 다시 시도하라. 실수를 배움과 성장의 기회로 삼아라. 다음번에는 어떻게 지난번과 다르게 해볼 수 있을까를 생각하라)
- 우리가 모든 면에서 좀 더 나아지려고 노력하지 않는다면 삶은 재미있을까? (지금은 좀 더 쉬워 보이지만 나중에는 따분해질 것이다)

도미노의 배열 형태를 다르게 바꿔가면서 어떻게 하면 도미노를 모두 쓰러뜨릴 수 있을지 실제로 해본다. 아이들은 늘 도미노 게임을 아주 재미있는 놀이라고 생각한다. 특히 아이들은 대부분 엄마나 아빠보다 더 잘한다. 돌아가면서 누가 가장 긴 줄을 쓰러뜨릴 수 있는지 시합을 해보는 것도 좋다.

활동 29
편지 왔어요

참여 인원	2인 이상
나이	5세 이상
준비물	• 종이(1인당 1~2장) • 펜이나 연필(1인당 1개씩) • 봉투(1인당 1개씩) • 우표(1인당 1개씩)

　　종이, 펜이나 연필, 봉투와 우표를 탁자 위에 놓는다. 목표 세우기에 대해 간단히 설명하고 아이들에게 앞으로 몇 주 이내에 이루고 싶은 특별한 목표를 하나 생각해보라고 한다. 어린 아이에게는 저녁 먹기 전에 장난감 정리하기나 잠자리 정리하는 법 배우기 같은 목표가 될 수 있다. 좀 큰 아이들이라면 수업 시간에 배우는 시 외우기, 저녁 식사 준비하는 법 배우기와 같은 목표를 적어보라고 할 수도 있다. 우리가 살아가면서 삶을 개선시킬 방법을 생각하지 않는다면 우리는 결코 발전하거나 성장할 수 없다는 사실에 대해 아이들과 얘기 나눠본다.

　아이들에게 종이는 성취하고 싶은 것을 상징한다고 설명한다. 아이들에게 종이를 접어서 봉투에 넣은 후 봉하라고 한다. 주소가 적혀 있지 않은 봉투는 마치 아무런 목표를 세우지 않은 사람과 비슷하다. 아이에게 "봉투에 주소를 적지 않고 우편함에 넣는다면 편지는 어디로 배달될까?"라고 물어봐도 좋다. 만약 우리가 성취하고 싶은 일에 대해 생각해보았다고 하더라도(봉투 안의 종이), 그 목표를 이루어지기 위해 필요한 방법들을 구체적으로 결정하지 못한다면 그 목표는 방향을 잃게 된다. 이것은 어디로 가야 할지 모르는 주소 없는 편지와 같다.

아이가 봉투에 주소를 직접 쓸 수 있도록 하거나 어린 아이일 경우 주소를 어떻게 쓰는지 알려준다. 자기한테 주소를 쓸 수도 있고 재미로 할아버지나 할머니 또는 친구에게 보낼 수도 있다. 이렇게 주소를 적는 것은 우편배달부에게 편지가 가야 할 방향을 알려주는 것이라는 점을 강조한다. 이렇게 목표의 방향을 정한다는 것이 무엇을 의미하는지에 대해 아이와 함께 얘기 나눠본다(큰 목표에 도달하기 위한 작은 단기 목표 세우기, 목표를 완수하기 위해 걸리는 시간 정하기 등).

만약 주소가 적힌 봉투를 우체통에 넣는다면 목적지에 도착하게 될 것인지 아이에게 물어보라. 그런 다음 아이에게 우표를 봉투에 붙이도록 하고 우표는 돈이 든다는 점을 상기시켜준다. 우표는 목표에 도달하기 위해 치러야 하는 비용이다. 지불해야 하는 비용에는 어떤 것들이 있을까? 아이와 함께 이야기해본다. 목표를 향해 가기 위해 희생하는 시간, 목표를 추구하기 위해 포기하는 하는 재미있는 활동, 능숙해질 때까지 반복 훈련하는 데 투자하는 에너지, 목표 성취에 필요한 도구, 수업이나 장비를 구입하기 위한 비용 등을 들 수 있다.

편지를 쓰고, 봉투에 주소를 적고, 우표를 붙인 다음에야 편지는 목적지에 도달할 수 있다. 우리가 세우는 목표도 마찬가지이다. 생각하고 적어놓고 그리고 언제 어떻게 할 것인지를 결정하고, 그 과정에서 요구되는 비용을 지불할 때에만 성취할 수 있을 것이다.

활동 30
나는 슈퍼맨

참여 인원 1인 이상

나이 5~10세

준비물
- 종이상자(1개, 신발상자나 휴지상자)
- 매직펜 또는 네임펜(1인당 1개씩)
- 포스트잇(1인당 10~20장씩)
- 스티커(1인당 10~20개씩)

    이 활동은 이 책에서 소개된 다른 활동들처럼 전 가족이나 아동들을 대상으로 특정 주제(이 경우는 목표 설정)에 대한 일반 원칙을 탐색하는 데 도움이 될 뿐만 아니라 어떤 아동이 갖고 있는 특정 문제를 해결하는 데도 사용될 수 있다. 여기서는 한 아이와 진행하는 활동으로 소개되지만 여러 명의 아이가 모인 그룹이나 일반적인 토론에서도 얼마든지 적용할 수 있다.

    먼저 아이가 이루고 싶은 목표(수영 배우기, 혼자 침실에서 잠자기, 새 컴퓨터 게임 구입비용 모으기 등)가 무엇인지를 파악할 수 있도록 도와준다. 목표를 포스트잇에 써서 벽에 붙인다. 그런 다음 그 목표를 성취하는 데 방해가 되는 요인들, 아이 눈에 보이는 장애들, 실천을 주저하게 되는 이유들(두려움, 괴물, 쓸데없는 데 돈을 쓰고 싶은 유혹)에 대해 토론한다. 토론을 통해 나온 목록들을 포스트잇 한 장에 하나씩 쓰고 준비한 여러 종이상자에 붙인다. 그리고 아이가 그 상자를 쌓아 올려 자신과 목표 사이에 장애 벽을 만들도록 도와준다.

이제 이런 장애물을 극복하는 데 도움이 되는 그 아이만의 특별한 재능, 장점 등에 대해 이야기해본다. 아이가 가진 창의성이나 낙관적인 태도가 될 수도 있고, 기억력이 좋거나 문제 해결력이 탁월하거나, 정리를 잘하거나, 학습력이 뛰어나다는 점 등이 될 수 있다. 여러분은 아이의 강점과 재능들을 하나하나 언급하면서 스티커에 적은 뒤 그 아이의 몸에 직접 붙여준다. 이 '역량 스티커'를 아이의 베개에 붙일 수도 있다.

그리고 이런 특별한 역량과 장점을 가지고 있는 너는 무엇이든 해낼 수 있다고 격려해준다. 이제는 앞에 놓인 장애물을 부수고 나아가는 행동을 해본다. 팔이나 다리 혹은 강점을 붙여놓은 베개를 이용해 장애물을 뚫고 나간다. 이 활동은 다소 소란스러워 보일 수 있지만, 아이로 하여금 자신의 강점을 갖고 목표를 향해 과감하게 나아가는 행동에서 오는 통쾌한 느낌이 어떤 건지를 실감할 수 있게 해준다.

8마당

화합과 협력

활동 31 나를 넘어 우리

활동 32 힘 모아 세우기

활동 33 뭉치면 할 수 있어요

활동 34 아슬아슬 물 붓기

활동 35 실타래 거미줄

아이들에게 주는 명언 한마디

사람이 외로운 것은
다리를 놓는 대신 벽을 세우기 때문이다.

— 조셉 뉴톤

 부모들에게 주는 명언 한마디

가정이 실패하는 오직 하나의 경우,
그것은 바로 서로를 포기할 때이다.

— 마빈 애시톤

요즘은 핵가족시대여서 삼대가 같이 살지도 않고 형제자매가 많지도 않다. 하지만 가끔 지난날 대가족 시대의 따뜻하고 아늑한 느낌을 느끼고 싶을 때가 있다. 가족 간의 끈끈한 정, 안전 그리고 생존을 위해 서로에게 많이 의존했던 지난 세대와는 달리 오늘날의 가족들은 감기와 치약 외에는 같이 공유하는 것이 별로 없는 것 같다.

빠르게 변화하는 세상에서 케이블 방송, 인터넷, 운동, 끊임없이 이루어지는 수많은 외부활동들이 사람들의 관심을 거의 독차지하게 됨에 따라 가족 구성원들은 실제로 서로에게 소외감을 느낄 수 있다.

아이는 자연스럽게 부모의 사랑과 보살핌 속에서 자라나지만 부모 외의 다른 친척들 즉, 형제자매를 비롯해 사촌, 조부모, 고모, 삼촌, 이모, 외삼촌 등과의 교류와 지지도 중요하다.

가족 구성원들이 서로에게 시간을 내주고, 함께 일하고 놀며, 함께 목표를 세우고 서로의 말에 귀 기울이고 도와줄 때 가족 간에는 무엇보다 단단한 유대감이 형성된다. 하지만 오늘날 가족에서는 함께 식사를 하고, 정원을 가꾸고, 소풍과 산책을 가고, 조부모를 찾아뵙는 것 같이 예전에는 흔하게 볼 수 있었던 모습을 찾아보기가 점점 어려워지고 있다. 오늘날에는 상상할 수 있는 온갖 종류의 가족 형태가 존재한다. 한부모 가정, 재혼가정, 맞벌이 가정, 양부모 가정, 입양 가정, 조부모 가정, 대리모 가정 또 이런 가정의 혼합형 가정 등 별의별 가정이 다 있다.

하지만 가족은 생물학적인 요인 못지않게 구성원들 간의 사랑과 경험이 중요하다. 이러한 환경에서 아이는 가족으로서의 동질감을 느끼며 성장할 수 있다.

줄리와 데이브에게는 열세 살인 노엘과 여덟 살인 에릭, 두 자녀가 있다. 에릭은 축구를 비롯한 모든 운동에 열정이 있고 노엘은 춤, 옷 쇼핑, 친구와 전화로 수다 떨기를 좋아한다. 가족이 토요일에 에릭의 축구 경기를 보러 갈 때면 노엘은 같이 가려 하지 않는다. 집에 남아서 친구와 통화하거나 쇼핑 몰에 가고 싶어 한다. 가족이 영화를 보러 가려고 해도 노엘은 같이 나가려고 하지 않는다. 노엘은 친구들이 자기가 부모님과 함께 외출하는 것을 행여나 볼까 봐 조마조마했다. 심지어 노엘은 가족과 함께 여행 가는 것 대신 혼자 집에 남아 친구들과 놀아도 되는지 묻곤 하였다.

엄마는 이런 노엘의 감정이 10대 소녀들이 보이는 보편적인 감정이라는 것을 알지만 두 자녀가 서로를 지지해주고 가족으로서의 경험을 함께 나누는 것이 중요하다고 생각하였다. 엄마는 이 문제에 대해 노엘과 얘기를 나누면서 에릭의 축구 경기에 같이 가보자고 다시 권해보았다. 하지만 노엘은 축구 경기는 지루할 뿐만 아니라, 자기 생각에 에릭은 누나가 경기에 오든 말든 신경 쓰지 않을 거라면서 친구하고 재미있게 보낼 수 있는 시간에 왜 동생의 경기를 구경하는 데 시간을 낭비해야 되느냐고 항변했다.

엄마는 가족 간의 끈끈한 결속력을 확립하기로 마음먹고 어느 날 저녁 식사 후에 M&M 초콜릿 한 그릇을 식탁 위에 올려놓고 다음에 소개될 '나를 넘어 우리' 활동을 시도했다.

활동 31
나를 넘어 우리

참여 인원 3인 이상

나이 5세 이상

준비물
- 연필(1인당 1개씩) · 종이(1인당 1장씩)
- M&M 초콜릿 또는 게임용 돈(1인당 20-30개씩)

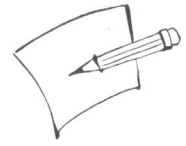
　　당신이 첫사랑을 만나 서로를 알아가던 연애 초기, 그 가슴 뛰던 시절을 떠올려보자. 사랑에 빠진 사람은 상대방이 좋아하는 것과 싫어하는 것을 알아가는 데 많은 시간과 에너지를 들인다. 그러면서 서로에게서 발견하는 차이점은 인정하고 공통점은 함께 기뻐할 것이다. 이와 마찬가지로 이 활동은 서로를 발견해나가는 과정에서 힘을 얻게 한다.

　형제자매들과 가족 구성원 간의 관계를 돈독히 하려면 가족끼리 서로 닮은 점이 무엇인지 찾아보는 것이 도움이 된다. 부모가 자식들끼리 서로의 연결 고리를 찾도록 도와주면 서로 다투는 형제들이라도 최소한 서로에게 관대하게 대하면서 가족 간의 유대감을 형성할 수 있다.

이 활동은 가족 구성원 전체가 할 수도 있고 가족이 대가족이면 두세 그룹으로 나누어 할 수도 있다. 한 그룹에 최소한 3명은 되어야 한다. 참여하는 그룹이 한 팀 이상이라고 하면 모든 사람에게 다음과 같은 가상의 상황을 전제로 제시해주어야 한다. 우리 친척 중에 제레미아 아저씨가 있는데 120살이 되었다. 그 분은 백만장자인데 죽기 전에 전 재산을 친척들에게 나누어주고 싶어 한다. 그런데 제레미아 아저씨는 그 전에 먼저 자기 자손들 모두가 한 식구임을 확인하고 싶어 했다. 그래서 가족들이 갖고 있는 공통점 30개를 열거하는 사람에게만 재산을 나누어주겠다고 한다. 그분은 한 집안 식구라면 틀림없이 닮은 점이 많을 거라고 생각한 것이다.

  이제 이러한 가정 하에 활동을 시작한다. 가족들에게 연필과 종이를 주면서, 10분 안에 공통점을 최대한 많이 찾아내야 한다고 말해준다. "머리카락이 갈색이다, 뉴욕에 산다, 손가락이 10개다, 테니스화 한 켤레를 갖고 있다, 같은 학교에 다닌다, 초콜릿과 박하 아이스크림을 좋아 한다." 등등. 더 많이 찾아낼수록 상속을 더 많이 받을 수 있다. 전체 팀원이 공유한 항목을 찾아내면 2점을 얻고 팀원 2명 이상이 공유한 항목을 찾아내면 1점을 얻는다.

  이 활동을 사탕이나 M&M 초콜릿 같은 것을 갖고도 할 수 있다. 1점에 M&M 초콜릿 하나를 주는 것이다. 누가 가장 많은 재산을 모으는지 팀끼리 서로 경쟁하도록 해도 좋다. 하지만 너무 과열되어 싸움이 일어날 것 같으면, 활동을 마친 후에 각 팀에게 찾아낸 공통점을 제시하도록 하고 그에 상응하는 부상이나 선물을 준다.

각 팀마다 활동하면서 경험하는 바가 다르겠지만, 활동을 마치고 나서 이야기해볼 수 있는 몇 가지 대화 주제가 있다.

- 이 활동에서 무엇을 배웠는가?
- 공통점이 그렇게 많다는 점에 대해 놀랐는가?
- 이 활동을 하고 나서 식구들과 더 가까워졌다는 느낌이 드는가?
- 공통적인 특성과 관심사로 인해 우리 가족의 유대가 어떻게 강화되는가?

줄리와 데이브 가족은 이 활동을 하는 동안 재밌어하긴 했지만, 이후 무슨 기적이 일어나거나 하지는 않았다. 그 다음 몇 주 동안 줄리는 가족들과 함께 이 단원에 소개된 다른 활동들도 하나씩 해보았다. 그러면서 가족이 함께 시간을 보내는 것이 얼마나 소중한 것인지에 대해 이야기할 수 있었다. 그 후 자기중심적인 태도를 보였던 노엘이 점차 달라지는 것이 보였다.

어느 토요일, 에릭의 축구 시합 전날 노엘은 동생 에릭에게 다가가 내일 시합에는 갈 수 없지만 쇼핑 몰에서 구입한 축구공 모양의 초콜릿 상자를 건네며 축구팀 친구들이랑 나눠서 먹으라고 했다. 그리고 그 다음 주에는 동생이 자기 사진이 나와 있는 축구 경품권 한 장을 주자 그것을 자기 방 게시판에 붙여놓았다. 이제 씨앗은 심어졌고 이미 자라기 시작했다. 그 가족은 최소한 '같이 시간을 보내는 것'에 관해 더 많은 이야기를 하게 되었다. 그리고 줄리는 자기 가족이 계속 나아질 것이라는 확신을 얻었다.

활동 32
힘 모아 세우기

참여 인원 3인 이상

나이 3세 이상

준비물
- 긴 막대 혹은 대걸레 자루(1개) • 두꺼운 종이(1장)
- 매직펜(1개) • 스카치테이프(약간)
- 단단한 끈 또는 줄(1인당 2m씩)

작고 두꺼운 종이에 '가족 화합' 또는 '가족은 하나'라고 굵게 쓰고 긴 막대(혹은 대걸레 자루) 윗부분에 테이프로 붙인다. 그리고 끈을 2미터 정도로 잘라 각자에게 하나씩 나눠준다.

막대와 끈은 화목한 가족을 상징하는 것으로 이 활동을 통해 가족으로서 함께 살아가는 것에 대한 중요한 뭔가를 배우게 될 것이라고 말해준다. 가족 구성원 각자에게 자기 끈을 막대의 중간 조금 위쪽에 묶도록 한다. 다시 막대를 바닥 가운데에 내려놓고 가족들은 막대 주위에 똑같은 거리를 두고 둥글게 앉는다. 이 활동은 세 사람 이상의 참여자가 있으면 가능하다. 모두에게 끈의 끄트머리를 자기 앞에 놓으라고 말한다.

한 사람에게 끈을 혼자 잡아당겨서 가운데 있는 막대기를 세울 수 있는지 물어본다. 끈 하나로는 막대기를 세울 수 없다는 것을 알게 될 것이다. 쉽게 쓰러질 것이다. 다음에는 다른 사람에게 첫 번째 사람과 함께 줄 두 개를 이용하여 막대기를 세울 수 있는지 해보라고 한다. 가능할 수도 있지만 막대는 안정된 자세를 유지하지 못할 것이다.

이제 참가자 모두 자기 끈을 잡아당겨 가운데 있는 막대기를 똑바로 세워보도록 한다. 끈을 묶은 지점을 약간 조정할 필요가 있을 수는 있겠지만 사람들이 서로 다른 방향에서 잡아당기기 때문에 막대기가 똑바로 설 것이다.

막대기가 가만히 세워져 있는 동안 가족들에게 이 활동을 통해 무엇을 배웠는지 물어본다. 무슨 대답이든지 다 받아들여라. 하지만 모두가 '함께 잡아당김으로써' 가족은 한 사람이 혼자서 하는 것보다 더 많은 것을 성취할 수 있었다는 점은 꼭 짚어준다. 모두가 하나 되어 함께 일하고 함께 어울리면서 자기 몫을 해낼 때 가족은 더 강해지고 더 행복해진다. 가족들에게 실제로 이런 일이 일어났던 경우가 있었는지 물어보라(차고 청소, 마당 정리, 휴가 가기 위한 자동차 짐 정리, 크리스마스트리 장식 등이 있을 수 있다).

이제 다른 사람들은 줄을 보통 힘으로 잡고 있고 한 사람만 힘껏 자기 쪽으로 잡아당기게 한다. 아마 막대기는 그 사람 쪽으로 넘어질 것이다. 이때 가족들에게 "이 일은 가족 화합에 대해 무엇을 보여주는가?"라고 물어본다. 다시 각자 자기 느낌을 표현하도록 하되 가족 중의 한 사람이 이기적이고 자기 맘대로 하면 균형이 무너지고 가족 간의 협조와 가족애를 망가뜨릴 수 있음을 강조한다.

　이 활동을 통해 어떻게 하면 가족 구성원이 서로를 배려하고 지지해줄 수 있는지 그리고 가족과 함께 좀 더 많은 시간을 보냄으로써 어떻게 가족 간의 유대감을 강화할 수 있는지에 대해 토론해본다. 이때가 가족 달력을 만들거나 재미있는 활동을 계획하거나 그 주의 하룻밤을 '가족의 밤'으로 지정할 수 있는 아주 좋은 기회이다.

활동 33

뭉치면 할 수 있어요

참여 인원	2인 이상
나이	3세 이상
준비물	• 고무밴드(1개)
	• 나무 이쑤시개 또는 나무성냥(20~30개)

먼저 아이에게 이쑤시개를 1개 주고 반으로 부러뜨려 보라고 한다(가족이나 팀의 구성원 각자에게 시킬 수도 있다). 어린 아이라도 아주 손쉽게 부러뜨릴 것이다. 이제 8개 정도의 이쑤시개를 모아 고무줄로 묶은 후 아이에게 주고 반으로 부러뜨려 보라고 한다. 아무리 힘을 써도 이쑤시개 묶음은 부러지지 않을 것이다.

이쑤시개 묶음은 전체 가족을 상징한다. 아이에게 이 활동을 통해 가족끼리 함께 뭉친다는 것에 대해서 무엇을 배웠는지 물어본다. 여러 가지 대답이 나오겠지만 혼자서는 쉽게 부러질 수 있다는 점을 강조하여야 한다. 부러진다는 것은 상처받고, 부담감을 느끼고, 스트레스 받고, 슬픈 상태를 의미한다. 하지만 가족이 하나가 되어 힘과 지지를 보내주면 개인은 힘을 더 얻고 가족은 무너지지 않는다.

이 원칙을 더 잘 이해시키기 위해 아이에게 이쑤시개 하나를 들고 탁자나 테이블 위에 세워보라고 한다. 성공할 가능성은 전혀 없다. 이번에는 이쑤시개 뭉치를 갖고 세워보라고 한다. 이것은 끝이 가지런하기만 하면 세울 수 있을 것이다. 이것이 의미하는 것은 우리가 어깨를 맞대고 나란히 함께 서면 어떤 어려움과 도전이 닥치더라도 이겨낼 수 있다는 것이다.

　이 활동에 약간만 변화를 주면 재혼으로 만난 가족들에게도 효과적으로 적용될 수 있다. 이쑤시개 뭉치 두 개를 하나로 합쳐서 새롭고 더 강한 하나의 다발을 만드는 방식으로 하면 된다. 그러나 이혼, 별거 또는 부모나 아이의 죽음을 경험한 가족에게는 상황에 맞추기 위해 세심한 주의를 기울일 필요가 있다. 이런 경우, 어떤 규모의 가족이라도(가족 구성원 중 한 사람을 잃은 가족조차도) 한 단위로서의 가족으로 고려되어야 하고, 어떻게 하면 그들이 위대한 가족애와 힘을 느낄 수 있는지에 대해 토론해보는 것이 현명하다.

　또 다른 방법으로 이 활동을 할 수도 있다. 아이에게 케이크를 만드는 데 필요한 재료들을 모두 보여주고 밀가루만으로 또는 계란만으로 케이크 맛을 낼 수 있는지 물어본다. 그런 다음, 제대로 된 케이크 맛은 무엇으로 낼 수 있는지 물어본다. 이제 실제로 준비한 재료들을 함께 섞으면서, 가족 구성원들이 제각각 떨어져 있으면 진짜 가족이라 할 수 없다. 이렇게 함께 어우러지고 서로 교류하고 정서적으로 친밀해질 때 진짜 가족이 완성될 수 있다고 설명해준다.

활동 34
아슬아슬 물 붓기

참여 인원 2인 이상
나이 6세 이상
준비물 • 눈가리개(1개) • 의자(1개) • 플라스틱 컵(1개)
　　　　　• 주전자(1개) • 물(1/2주전자)

한 아이에게 눈을 가리게 하고 물을 반 정도 채운 주전자를 들려준다. 다른 한 아이는 의자에 앉게 하고 빈 컵을 하나 준다. 그리고 머리를 뒤로 제치고 이마에 그 컵을 올려놓게 한다.

눈을 가리고 주전자를 든 아이는 의자에서 몇 걸음 떨어진 곳에 선다. 의자에 앉은 아이는 주전자를 든 아이를 잘 안내해서 자기 이마 위에 놓인 컵 속으로 물을 잘 붓게 한다. 이마에 컵을 올린 사람은 눈을 가린 사람에게 어느 방향으로 걸어와야 하는지, 주전자를 얼마나 들어 올려야 하는지, 얼마나 기울여야 하는지, 언제 부어야 하는지 등을 최대한 정확하고 구체적으로 안내하여 자기 이마에 최대한 흘리지 않고 물을 컵 속에 부을 수 있도록 해야 한다.

두 사람은 어느 쪽으로 움직여야 하는지, 팔을 어디까지 들어 올려야 하는지 등에 대해 자유롭게 말을 주고받을 수 있다. 물 따르기 미션을 성공적으로 수행하고 나면 역할을 바꾸어 다른 사람의 입장을 경험하도록 한다.

이 활동은 협동심, 공동 목표를 향한 협력, 원만한 의사소통 등에 대한 중요한 원칙들을 생각해보게 한다. 또한 아이가 다른 사람의 입장에 서면 어떤지를 직접 경험할 수 있기 때문에 타인에 대해 공감과 이해를 높여준다.

활동 35
실타래 거미줄

참여 인원   2인 이상
나이   6세 이상
준비물   • 실타래(1뭉치, 공처럼 감은 것)

　　　　　　　　이 활동은 참가자가 4명 이상이면 가능하지만 5명
　　　　　　　에서 10명 정도이면 가장 좋다. 참가자들은 모두 둥
그렇게 서서 서로의 간격이 1m 정도 되도록 한다. 이제 준비가 되었
으니 당신은 참가자들에게 이 활동의 방법을 설명해준다. 당신이 곧
누군가에게 실타래를 던질 텐데 그것을 잡은 사람은 다음 질문 중 하
나를 골라 대답한 후 다시 같은 방법으로 다음 사람에게 가볍게 공을
던져주면 된다고.

- 실타래를 던진 사람의 어떤 점이 마음에 드는가?
- 실타래를 던진 사람에게 고마운 점이 있다면 어떤 것인가?
- 실타래를 던진 사람이 자기에게 잘해준 것은 무엇인가?

실타래를 던질 때에는 실의 끝을 잡고 던져야 한다. 그러면 실타래의 실이 풀리면서 자연스럽게 두 사람을 이어줄 것이다. 실타래를 받은 사람은 다시 위에 있는 질문 중 하나에 답변하고 같은 방법으로 다른 사람에게 실타래를 던진다. 참가자 전원이 한 번 이상씩 실타래를 받을 때까지 이 과정을 반복한다. 참가 인원이 적을 경우에는 여러 차례 돌아가는 게 좋다.

가운데에 거미줄 모양이 만들어지고 함께 나눈 시간이 충분하다 생각되면 공을 멈춘다. 그리고 서로 서로 긍정적인 생각과 칭찬을 나눈 결과, 가족 구성원 사이에 아름다운 '거미줄'이 생겨났다는 점을 강조한다. 더 사랑스런 패턴이 만들어지려면 모두가 참여해야 한다.

이제 "이렇게 거미줄처럼 얽힌 실들은 무엇을 의미하며 우리에게 무엇을 말해주고 있을까?"라고 묻는다. 이때 참가자들의 대답이 "우리를 하나로 묶어주는 것" 또는 가족의 화합이라는 의견에 초점이 맞춰지도록 이끌어준다. 다음에는 참가자 중 한두 사람에게 손에서 실을 놓으라고 한다. 이렇게 하면 바로 중간의 거미줄이 느슨해질 것이다. 이때 "우리 중 누군가가 실을 놓으면 전체에 어떤 일이 벌어지는가?"라고 묻는다. 거미줄의 촘촘함은 사라지고 약해지며 아름다운 모양이 깨지면서 느슨해진다.

이것은 가족의 어떤 모습과 비슷한지 함께 이야기 나눠본다. 만약 우리가 서로의 짐을 덜어주고, 서로 칭찬하고 지지해주며, 슬픔과 기쁨을 함께 나누고, 우리가 가진 모든 것에 감사해 한다면 우리는 한 가족으로서의 기능을 더 잘 발휘할 수 있을 것이다. 서로의 느낌을 공유함으로써 여기 실타래가 거미줄로 엮어진 것처럼 서로 이해하고 상대를 위해 노력한다면 아름다운 관계망이 형성될 수 있지만 이것을 유지하려면 구성원 각자가 자기 역할에 충실해야 함을 강조한다.

9마당

감사

활동 36 이런 나라 저런 나라

활동 37 감사 보물 찾기

활동 38 행복 테스트

활동 39 숨겨진 축복

아이들에게 주는 명언 한마디

진정한 부는 당신이 소유한 것이 아니라
당신 존재 자체이다.

 부모들에게 주는 명언 한마디

파랑새를 찾아서 세상을 떠돌다가
집에 돌아와 보니 파랑새는 거기에 있었다.
— 조지 무어

사랑하는 하느님

하느님께서 지난 화요일에 보여주신 석양을 보기 전까지는 오렌지색이 자주색이랑 그렇게 잘 어울리는 줄 몰랐어요. 정말 대단했어요.

— 유진

최근 미국의 2/3를 자동차로 횡단한 후 뉴욕에 막 도착한 어떤 가족이 NBC 〈투데이〉쇼에 출연해 인터뷰하는 모습을 보게 되었다. 그들은 여행하면서 방문한 그랜드 캐니언, 러시모어 산을 비롯하여 미국의 온갖 명소에 대한 감상을 설명했다. 이때 사회자가 열두 살 난 딸에게 "가본 곳 중에서 가장 좋았던 곳은 어디예요?"라고 묻자 그녀는 바로 대답했다. "그레이트몰이요"(중서부에 새로 생긴 초대형 몰이었다).

우리는 자연의 기적에 둘러싸여 있는 장엄한 우주 안에 살고 있다. 하지만 세상이 너무나 정신없이 빠르고 복잡하게 돌아가다 보니 지구와 이 땅에 살고 있는 사람들의 아름다움을 당연하게 여기는 경우가 너무 많다. 우리 삶의 색깔과 질감은 다음 장면으로 빠르게 돌아가는 영화처럼 뿌옇게 보인다.

우리가 아이들에게 세상을 있는 그대로 바라며 수용하는 법을 가르치지 못하면 〈투데이〉쇼에 출연한 소녀처럼 쇼핑몰 중심의 사고방식을 갖게 될 것이다. 그렇게 되면 가진 것에 감사하기보다는 갖지 못한 것을 더 가지려는 욕망의 노예가 된다.

잠시 손턴 와일더가 쓴 희곡『우리 읍네(Our Town)』에 등장하는 열두 살 소녀 에밀리가 자기 인생을 추억하는 것을 감상해보자. 하늘에서 지상에 살았던 어느 하루를 되돌아봐도 좋다는 허락을 받자 그녀는 자기의 12번째 생일을 이렇게 회상한다.

"모든 게 빨리 지나가서 잘 보이지 않아요. 잠깐! 한 번만 더 봐요. 안녕, 잘 있어요. 세상아. 안녕, 그루버 아저씨의 모퉁이 길…. 엄마 아빠, 안녕히 계세요. 시계 소리도 안녕. 엄마의 해바라기도 안녕. 음식도 보이고… 새로 다린 옷과 따뜻한 목욕물도… 그리고 잠자고 깨어나는 것도 보이고, 아, 지구야!, 너는 너무 멋있어서 아무도 널 제대로 알아보지 못하는구나. 도대체 누가 살아가는 매일 매 순간마다 삶을 있는 그대로 소중하게 느낄 수 있을까?"

감사함을 느낄 수 있는 마음은 당신이 자신과 자녀들에게 줄 수 있는 최고의 선물 가운데 하나이다. 키케로는 감사함을 느끼는 마음을 '모든 미덕의 어머니'라고 했다. 감사는 살아가는 매 순간을 더 섬세한 시선과 자비로운 손길로 대할 수 있게 해주기 때문이다.

우리는 이 선물을 아주 간단한 방법으로 자녀들에게 전할 수 있다. 아이들과 함께 해변에 서서 부드러운 파도가 발을 적시게 하며, 산에 올라 불어오는 바람에 얼굴을 맡기며, 작은 개미집에서 온 우주의 기운이 작용하는 것을 지켜보며, 고양이 가슴에 난 부드러운 털의 감촉을 느껴보며, 목청껏 노래를 부르며, 수박 즙이 턱 아래로 흘러내리도록 게걸스럽게 먹으며 배가 땅기도록 함께 웃는 것이다. 그러고 나서 당신은 아이들에게 일상의 사소한 모든 것에 감사함을 표현하는 걸 직접 들려줄 수 있다.

자녀들을 감사할 줄 아는 사람으로 키우는 가장 좋은 방법은 자기가 직접 고맙다는 인사를 받아보도록 해주는 것이다. 부모가 아이들을 칭찬하고 인정해주는 것이다.

자칫하면 부모들은 아이의 부정적인 측면에 초점을 맞추기가 쉽다. 아이들을 칭찬하는 것은 고사하고 아이들의 장점을 보지도 못하는 경우가 많다. 당신이 집으로 돌아왔을 때 아이들에게 "야, 이놈들아 누가 이렇게 어질러 놨어!"라고 야단치는 대신 "부탁하지도 않았는데 이렇게 설거지를 해놓았네. 고마워!"라는 말을 얼마나 자주 하는가? 만약 당신이 자녀에게 감사함을 표현하는 습관을 가지게 한다면 아이들은 형제들과 친구, 선생님 나중에는 자기 배우자와 자녀에게까지 감사함을 표현하는 사람이 될 것이다.

고대 유대의 전설에 "이 세상 모든 사람들이 살아가는 동안 매일 100개씩의 축복을 발견할 수 있을 때 세상은 완성 된다"는 얘기가 있다. 이 얘기를 자녀 양육 방식에 도입해보면 어떨까! 매일 아이들의 행동에서 긍정적인 면을 찾고, 아이가 한 인간으로서 얼마나 중요하고 가치 있는 존재인지 얼마나 사랑받고 있는지에 대한 칭찬과 격려를 100번씩 하는 것이다. 비록 힘들고 어렵겠지만, 많은 사람들이 이 유대 전설이 가르치는 것의 10분의 1이라도 실천하려 노력한다면 아마 부모·자녀 간의 관계와 집안 분위기는 확 달라질 것이다.

우리는 아이들에게 간단한 감사의 말만으로도 다른 사람의 삶을 바꿀 수도 있다는 것을 가르칠 수 있다. 여기 일생을 교단에서 아이들을 가르쳤던 한 여성의 가슴 찡한 사연이 있어 소개한다. 그녀는 은퇴한 후 적적한 일상을 보내고 있었는데 어느 날 한 제자로부터 감사의 편지를 받았다. 이것은 그 선생님이 제자에게 보낸 답장이다.

사랑하는 제이크에게

너의 편지는 내게 말로는 표현하기 힘든 큰 위로가 되었단다. 나는 여든에 접어들어 작은 방에서 혼자 살면서 손수 끼니를 해결하며 외롭게 마지막 잎새처럼 여생을 보내고 있다. 설마 싶겠지만 학교에서 50년을 가르쳤는데도 네가 감사의 편지를 보낸 유일한 학생이란다.

생각지도 않게, 추운 아침에 배달된 너의 편지는 최근 몇 년 동안 느껴보지 못한 삶의 보람을 느끼게 해주었단다.

오늘날과 같이 풍족한 사회에서 우리 아이들은 금방 새 것을 찾고 자기 삶을 안락하고 풍족하게 해주는 사람들의 수고에 감사할 줄 모르기 쉽다. 두 아이의 엄마인 로라 루이스는 최근 내게 여섯 살 난 딸아이 올리비아에 대해 이야기를 해주었다. 어느 날 저녁 올리비아는 식사에 마실 우유 대신 탄산음료를 달라고 졸라댔다. 식사 시간에 탄산음료가 메뉴처럼 나오는 할머니 댁에서 지내다가 막 집으로 돌아온 날이었다. 엄마가 절대 줄 수 없다고 했지만 올리비아는 계속 졸라댔고 결국 엄마는 화가 나서 "올리비아, 저녁 식사하면서 탄산음료를 마시고 싶다면 할아버지 할머니네 집에 가서 살아."라고 소리를 질러버렸다.

올리비아는 잠시 이 제안을 심각하게 고려해보고 나서는 퉁명스럽게 대답했다. "그건 싫어요. 할머니네 텔레비전 화면은 너무 작아요." 로라와 남편은 이 대답을 듣자 마음이 약간 불편해져서, 바로 아이가 삶의 풍족함에 대해 감사하는 마음을 가질 수 있는 방법을 찾아보기로 결심했다. 로라는 '이런 나라 저런 나라'라는 활동을 시작했는데 자기 가족의 상황과 필요에 맞도록 아주 단순화해서 적용했다.

활동 36
이런 나라 저런 나라

참여 인원 6인 이상

나이 3세 이상

준비물
- 종이(1인당 1장), 종이접시(참가자의 1/2개)
- 밥(참가자의 1/2이 먹을 수 있는 분량)
- 삶은 콩(참가자의 1/3이 먹을 수 있는 분량)
- 또띠아(참가자의 1/3이 먹을 수 있는 분량)
- 식사 한 끼(전체 인원이 먹을 수 있는 분량)
- 참가자들이 식사하는 데 필요한 식기류 일체

한 아이에게 너희 집에서는 추수감사절을 어떻게 보내느냐고 묻자, 이렇게 대답했다. "아버지는 하루 종일 미식축구를 시청하시고, 엄마는 설거지하시고, 우리는 식전에 감사 기도를 하고 입 다물고 뭔가를 먹죠." 만약 추수감사절에 가족에게 절대로 잊지 못할 색다른 경험을 제공하고 싶다면 이런 활동을 한 번 해보라. 미리 계획하고 준비하는 게 좀 필요하긴 하지만 아이들에게는 몇 년 동안 두고두고 얘기할 추억이 될 것이다. 이 활동은 명절에 할 수도 있지만 식구들이 많이 모인 날 아무 때나 해도 무방하다.

이 활동은 4인 가족 규모로도 할 수 있지만 친구나 친척들이 함께 모였을 때 하는 게 더 좋다. 10명이나 그 이상이어도 되고 그보다 훨씬 큰 규모의 인원으로도 할 수 있다. 먼저, 모인 사람의 절반 정도를 먹일 수 있는 양의 쌀을 준비한다. 그리고 전체 인원의 1/3 정도 먹일 수 있는 또띠아와 콩을 준비하고, 추가로 모든 사람에게 먹일 수 있는 보통의 식사 한 끼를 준비한다.

종이에 세계 각국의 이름과 그 나라가 속하는 그룹(제1세계, 제2세계, 제3세계 - 경제 수준에 따른 범주)을 아래 표를 참고하여 적는다. 종이는 참석한 사람의 숫자만큼 준비한다.

제3세계 (전체 종이의 1/2 분량)	제2세계 (전체 종이의 1/3 분량)	제1세계 (전체 종이의 1/6 분량)
인도	멕시코	미국
중국	페루	캐나다
에티오피아	과테말라	오스트리아
이란	러시아	일본
파키스탄	사모아	프랑스
나이지리아	이스라엘	영국

전체 인원이 24명이라면 제3세계는 12장(절반), 제2세계는 8장(1/3), 제1세계는 4장(1/6)이, 전체 참가자가 6명이라면 제3세계에 3장이고, 제2세계는 2장이고 제1세계는 1장이 될 것이다.

종이를 접어서 그릇에 넣어둔다. 그리고 각자 종이를 하나씩 뽑은 후 자기가 어느 나라 '출신'인지를 알린다. 나라가 모두 정해지면, 그날 저녁으로 먹게 될 음식은 자기 '조국'의 식단으로 배식 받게 될 것이다. 제3세계의 사람들에게 종이 접시에 밥 한 주걱씩을 나눠준다. 그리고는 집 밖으로 나가서 바닥에 앉아 먹으라고 한다. 제2세계 사람들에게는 소량의 콩과 또띠아를 나눠주고 바깥의 간이테이블이나 주방의 식탁에 앉아 식사하라고 한다. 소수의 제1세계 사람들은 만찬장의 멋진 식탁에 식기까지 갖춘 정식 식사를 제공받게 될 것이다.

우리 집에서 이 활동을 할 때에는 일정을 저녁식사 한두 시간 전쯤으로 잡아서 식욕을 망치지 않도록 했다. 그리고 제1세계 사람들에게도 정식 식사를 다 제공하지 않고 준비한 것 중 한두 가지 정도만 대접했다. 당연히 모인 사람 모두에게 충분히 돌아갈 만큼의 '제대로 된 식사'를 준비했지만 활동 당시에는 각자 정해진 '나라에 해당하는' 배급량이 저녁의 전부인 것처럼 했다.

이 활동은 가족 구성원에게 부유한 나라에 살기 때문에 누릴 수 있는 모든 것에 대해 감사하는 마음을 가르칠 수 있는 아주 효과적이고 진지한 방법이다. 선진국에 사는 최저생활자라도 나머지 나라에 사는 대부분의 사람보다 훨씬 더 나은 생활을 하며 산다. 아이의 나이에 따라, 다른 나라에 산다면 어떨지에 대해 토론하기 좋은 시간이 될 수도 있다. 생활 조건, 음식, 정부, 교육기회, 근로 조건, 종교의 자유, 투표권이나 피선거권 박탈 등에 대해 얘기 나눌 수 있을 것이다.

로라가 가족과 이 활동을 하기로 계획한 날, 그녀는 부모님을 저녁 식사에 초대했다. 참여한 인원이 총 6명이어서 3명은 제3세계, 2명은 제2세계, 1명은 제1세계로 배정했다. 로라는 딸 올리비아가 제3세계에 배정되도록 미리 작업을 해두었다. 올리비아는 밥 한 주걱을 배급 받고는 고기, 샐러드, 감자나 음료수는 안 주는지 물으면서 왜 아빠(제1세계를 뽑았다)에게는 저녁 식사로 돼지갈비와 으깬 감자가 제공되는지 의아하게 생각했다. 로라와 할아버지(제3세계를 뽑은 다른 두 사람)는 올리비아를 데리고 밖으로 나가 잔디에 앉아 밥을 먹었다.

두 사람은 식사를 하면서 올리비아에게 다른 나라에 사는 어린이들은 어떻게 살고 있는지에 대한 이야기를 해주었고, 로라가 얼마 전 도서관에서 빌려다 놓은 책에서 아프리카 아이들이 나오는 사진을 보여주었다. 올리바아는 처음에 투덜거리며 음식에 손도 대지 않다가 사진을 보여주자 이런저런 질문을 했다. 그 나라 어린이들이 학교는 다니는지, 텔레비전을 보거나 영화관에는 가는지, 가게에서 옷이나 장난감을 살 수 있는지, 어떤 책을 읽는지, 아침이나 점심에 한 그릇의 밥 이외에 다른 뭔가를 먹을 게 있는지 물었다.

그날 저녁의 경험은 올리비아에게 정말로 큰 효과가 있었던 것 같았다. 한 시간 정도 지나자 올리비아는 배고프고 목말라했지만 별로 불평하지 않았다. 로라는 아이가 잠자러 가기 전에 샌드위치와 우유를 주었고, 그날 밤 침대 맡에서 두 모녀는 그날의 경험에 대해 여러 얘기를 나누었다.

올리비아는 여전히 가끔씩은 너무 많은 것을 기대하는 평범한 아이이다. 그러나 그녀는 종종 그날 저녁의 경험을 화제로 삼으면서 세계 다른 지역에 사는 불운한 아이들에게 느꼈던 자기의 감정을 이야기하곤 한다. 그리고 이제는 저녁 식사하면서 우유를 마실 수 있는 것에 대해 감사해 한다.

활동 37
감사 보물 찾기

참여 인원 2인 이상

나이 4세 이상

준비물
- 원통형 캔 또는 플라스틱 통
  (1개: 높이 15~20cm, 직경 10~15cm)
- 양말(1개, 목이 긴 남자용)
- 집안의 각종 소품들(8~12개)

이 활동은 아이들에게 매사에 감사함을 가르칠 수 있는 재미있는 게임이다. 시작하기 전에 집 주변에서 '축복'을 상징할 수 있는 작은 물건 8~12개 정도를 모은다.

물건	상징하는 축복
작은 꽃	꽃과 아름다운 식물
장난감 동물	식용과 애완용의 다양한 용도의 각종 동물
당근	먹을 음식
인형 옷	입을 옷

작은 공이나 장난감	놀이와 여가 활동
연필	쓸 수 있는 능력
종이	정보/역사를 기록하고 전달할 수 있는 능력
장난감 자동차	자동차와 운송의 편리함
작은 책	책, 지식, 교육
조각 비누	비누와 위생(건강 유지)
트리용 꼬마 전구	전기의 유용성
밴드나 아스피린	약품과 의사
지폐나 동전	물건을 살 수 있는 돈
작은 인형	친척이나 친구 등 주변의 사람들
나뭇잎	나무들
태양(작게 오려낸 그림)	햇빛
빗방울(작게 오려낸 그림)	비

상상력과 주변에 이용할 수 있는 물건에 의해 제한될 뿐, 목록을 열거하자면 끝도 없다. 준비한 모든 물품을 통 안에 넣는다. 그리고 목이 긴 양말을 통 위에 덮어씌우는데 양말 발가락 쪽은 통의 바닥으로 가고, 양말의 긴 목 부분은 통 위로 충분히 올라오도록 하여 안에 무엇이 들었는지 전혀 볼 수 없게 해야 한다. 이러면 아이들이 안에 손을 집어넣고 무엇이 들었을까 궁금해 하는 '비밀 단지'가 만들어진다.

아이는 양말 입구를 통해 통 속으로 손을 집어넣어 안에 든 물건

하나를 만져보고, 그것을 양말에서 꺼내기 전에 그 물건이 무엇이라고 생각하는지를 말해야 한다. 물건을 꺼낸 다음에는 그 물건이 상징하는 선물이나 축복이 무엇인지 말해야 한다. 아이가 한 명 이상이라면 돌아가면서 물건을 꺼내도록 한다. 원한다면, 아이가 그 물건을 제대로 맞출 때마다 1점을 주고 물건이 상징하는 의미를 맞추면 1점을 더 주면서 점수를 기록해도 좋다.

좀 더 큰 아이들에게는 그가 꺼낸 물건이 상징하는 축복이 무엇인지 알아맞히게 한 다음, 그런 축복이 없었다면 우리는 어떻게 살고 있을지 상상해보도록 하거나 역사적으로 그런 축복 없이도 살아남았던 사람들에 대해 그리고 그들의 남다른 삶의 모습에 대해 이야기 나누어볼 수도 있다.

이 활동은 아이들이 정말 좋아하는 게임으로 그들이 생활 속에서 누리는 모든 것들에 대해 생각해볼 기회를 줄 뿐만 아니라 물건을 맞출 수 있는 감각을 시험해보는 재미도 제공한다.

활동 38
행복 테스트

참여 인원 2인 이상
나이 7세 이상
준비물 • 연필(1인당 1개) • 설문지 또는 백지(1인당 1장)

 아이들이 '집에 새 차가 없다, 수영장이 없다, 최신 유행하는 옷도 없다, 여행을 못 간다.'라는 불평을 한다면 아래 설문지를 주고 체크해보게 하라. 설문지를 한 장 주고 풀어보거나 소리 내어 읽어주고 빈 종이에 답을 적도록 해도 된다.

	질문	네	아니요
1	UN은 전 세계적으로 7억 명 이상의 사람들이 굶주리거나 굶어 죽어가고 있다고 발표했습니다. 여러분에게는 먹을 음식이 충분히 있습니까? 먹을 게 없어서 8시간 넘도록 밥을 못 먹은 경험이 있습니까? 있다면, 언제인지 적어보세요.		

2	세계적으로 5억 명 이상의 사람들이 비바람을 피할 수 있는 집도 없이 살아가고 있습니다. 여러분은 머무를 집이 있습니까? 집에 방이 몇 개인가요?
3	세계 인구 7,000명 중에 한 명꼴로 TV를 가지고 있습니다. 여러분은 집에서 TV를 볼 수 있습니까? 당신의 집에는 TV가 몇 대 있나요?
4	세계 8억이 넘는 사람들이 입을 옷을 단 한 벌밖에 갖고 있지 않습니다. 그보다 더 많은 사람들은 신발, 코트, 속옷이 없이 살아가고 있습니다. 여러분에게는 입을 옷이 충분히 있습니까? 신발은 몇 켤레나 가지고 있나요?
5	의사나 약이 없어서 매년 세계 7백만 명 이상의 사람들이 죽어갑니다. 여러분은 아플 때 도움을 받을 수 있는 병원이나 약국이 있습니까?
6	세계에서 8,000명 중 단 한 명만이 집에 냉장고와 난로가 있습니다. 여러분은 집에 냉장고와 난로가 있습니까? 전자레인지는 있습니까? 드라이어기는 있습니까? 선풍기는 있습니까? 냉장고는 있습니까?
7	세계 4억 5천만 명 이상의 사람들에게는 라디오나 녹음기, CD 플레이어가 없습니다. 여러분 집에는 라디오나 오디오가 설치되어 있습니까? 몇 대나 있습니까?

8	세계의 어린이들 중 750명에 1명만이 읽고 쓰고 배울 기회를 갖습니다. 여러분에게는 읽고 쓰고 배울 기회가 있습니까?		
	집에 책이 몇 권 있습니까? 올해 몇 권의 책을 읽었습니까?		
9	세계에서 10명 중 한 명만이 집안에 욕실이 있습니다. 여러분 집에는 욕실이 있습니까?		
	집에 화장실이 몇 개가 있습니까? 따뜻한 물로 하는 목욕(샤워)을 1주일에 몇 번 합니까?		
10	세계에서 9억 6천만 명 이상의 사람들은 집 이외에 이용할 수 있는 어떤 종류의 식당도 없이 살아갑니다. 여러분이 사는 지역에 맥도날드나 다른 종류의 식당이 있습니까?		
	지난해 외식한 레스토랑이나 패스트푸드점 이름을 몇 개나 말할 수 있나요? 한 달에 몇 번이나 외식을 하나요?		

우리 아이들에게 지금 갖고 있는 모든 것에 대해 감사해야 한다고 가르쳐야 한다. 그리고 우리는 지금까지 너무나 많은 것을 받아왔기에 우리의 가족과 친구, 이웃 그리고 이 세상에 우리가 할 수 있는 방법으로 작은 무엇이라도 보답해야 한다. 여기 우리 주변의 가까운 사람들에게 감사함을 표현할 수 있는 아주 기본적인 방안 몇 가지가 있다. 다른 사람들을 배려하는 당신의 점수는 어느 정도인지 한 번 체크해보자.

	질문	네	아니오	가끔
1	당신이 열면 당신이 닫나요?			
2	당신이 켠 것은 당신이 끄나요?			
3	당신이 열쇠로 연 것은 당신이 다시 잠그나요?			
4	당신이 망가뜨린 것은 당신이 고쳐놓나요?			
5	당신이 고칠 수 없는 경우, 그 사실을 알려주나요?			
6	다른 사람의 물건은 사용하기 전에 먼저 허락을 구하나요?			
7	빌린 것은 되돌려주나요?			
8	당신이 어지럽힌 것은 당신이 청소하나요?			
9	당신이 옮긴 것은 다시 제자리에 돌려놓나요?			

점수
네는 **2점**
가끔은 **1점**
아니오는 **1점 감점**

- **14-18점**: 당신은 타인에 대한 배려심이 좋아서 타의 모범이 되는 사람이다.
- **9-13점**: 타인에 대한 배려심이 보통이지만 자신의 행동에 좀 더 책임지는 자세가 필요하다.
- **~8점**: 타인을 좀 더 존중하고 가진 것에 감사하는 마음을 갖도록 진지한 반성이 필요한 사람이다.

활동 39

숨겨진 축복

참여 인원	2인 이상
나이	4세 이상
준비물	• 접시(1개) • 플라스틱 숟가락(1개) • 소금(1/2컵) • 검은 후추(약간) • 모직 천 조각(1개)

접시에 반 컵 정도의 소금을 붓는다. 그 위에 아이가 직접 후춧가루를 뿌리도록 하는데 후추의 양은 가루가 충분히 눈에 띌 정도면 된다. 소금과 후추를 조금 섞어 놓은 다음, 아이에게 플라스틱 숟가락을 소금과 후추 위에 들고 있게 하라. 이때 숟가락이 접시나 그 내용물에 닿으면 안 된다. 아무런 반응도 일어나지 않을 것이다. 이번에는 아이에게 플라스틱 숟가락을 모직 천 조각의 표면에 문지르게 한다. 그러고 나서 플라스틱 숟가락을 소금과 후추 위에 다시 대고 있도록 한다. 이번에는 후추가 숟가락으로 끌려와 붙게 될 것이다. 만약 후추가 전부 소금에서 빠져나오지 않는다면 숟가락에 묻은 후추를 떼어내고 모직 천 조각에 다시 문지른다.

여기서 후추는 삶의 축복을 나타내고, 소금은 문제점이나 부족한 점을 의미한다. 우리는 가끔 우리가 받은 축복에 대해 전혀 느끼지 못하며 살아간다. 이는 우리가 받은 축복보다 우리가 지닌 문제점이나 우리에게 부족한 점(소금)의 수가 더 많게 느껴지기 때문이다. 사람들이 자기의 삶을 자세히 들여다볼 때면(접시에 가까이 대는 숟가락) 자신이 갖고 있는 수많은 장점은 잊어버리고 대신 갖고 있지 않은 것에 초점을 맞추는 경우가 많다. 이로 인해 공허감(빈 숟가락)을 느낀다. 만약 그들이 잠시 멈춰 서서 자기 주변의 좋은 사람과 관계들, 자연의 아름다움, 삶의 안락함에 대해 생각해본다면 금세 마음이 '따뜻해져서'(털옷으로 숟가락 비비기) 감사함을 느끼는 마음으로 바뀌게 될 것이다. 그러면 감사의 마음은 또다시 감사할 여러 가지 축복에 대해 인식할 수 있게 해줄 것이다(이제 후추가 숟가락에 붙게 된다).

10마당

용기

활동 40　돌과 풍선

활동 41　이럴 땐 어떡하지?

활동 42　돌돌 만 종이

활동 43　두려움 크래커 깨기

아이들에게 주는 명언 한마디

삶은 때로 당신이 배울 기회를 갖기도 전에
시험에 들게 한다.

 부모들에게 주는 명언 한마디

용기란 열정을 잃지 않고
하나의 실패에서 다음 실패로 나아가는 능력이다.

아주 오래전 일인데 나는 식구들에게 줄 아침을 요리하고 있었다. 그날 아침 아들 세스가 식탁으로 다가와 내가 준비한 스크램블 에그, 호밀빵 토스트, 오렌지 주스를 보더니 "엄마, 제가 초콜릿 도넛 3개, 감자튀김을 만들어달라고 했잖아요."라고 말했던 게 기억난다.

세스는 늘 날 '웃겨주는 역할'을 도맡아 해왔지만 특히 이날의 재치 있는 농담은 내게 깊이 생각해볼 거리를 던졌다. 만약 여러분이 삶을 식사에 비유한다면, 대부분의 사람들은 정확히 주문한 식사 그대로를 먹지 못한 채 살아가고 있다. 우리가 꿈꿀 수 있는 모든 것-건강, 재미, 사랑, 성공, 부, 아름다움-이 메뉴에 있지만, 삶이란 우리 가족의 아침 식탁처럼 '주문한 대로 만들어지는 상황'은 아니다. 그래서 삶은 더 나은 건지도 모르겠다. 우리가 주문한 도넛과 감자튀김과 같이 항상 선택한 것만 탐닉해서 산다면 우리는 얼마나 나약해지겠는가.

어른들과 마찬가지로 아이들에게도 인생은 그들이 주문하는 대로 주어지는 게 아니다. 때로는 아프고 힘들지만 성장과 발달에 필요한 경험을 하게 되는 경우도 있다. 또한 인생에서는 질병이나 외로움, 실패나 학대를 겪기도 하고 동료의 압박, 사고, 부상, 이혼이나 죽음이 곁들어 나오기도 한다. 이럴 때 사람은 이런 소리가 터져 나온다. "이건 내가 주문한 게 아니야! 난 재미있고 행복하고 건강한 삶을 주문했단 말이야! 웨이터가 주문을 잘못 처리했어! 바꿔 줘!" 하지만 그렇게 되는 경우는 없다.

우리는 인생에서 씁쓸한 경험이 오히려 용기와 근성을 발달시키는 데 도움을 주는 것이라는 것을 금방 배우게 된다. 배우는 데 마음이 열려 있기만 하다면, 우리는 이런 경험에서 어려운 시기와 불행을 견뎌내는 데 필요한 '근력'을 키울 수 있다.

우리는 자녀들에게 용기를 건네줄 수 없고 강제할 수도 없다. <u>스스로</u>의 힘으로 자기 안에서 찾아야 하는 것이다. 우리가 할 수 있는 건 용기란 무엇이고 어떤 느낌인지를 본보기로 보여주고, 아이들이 자기 <u>스스로</u> 용기 내어 무엇인가를 시도했을 때 그것을 칭찬하며 도와주는 것이다.

많은 부모들은 자녀들이 어려운 상황에 직면했을 때 그들을 보호해주고 싶고 자녀들이 괴로워하는 걸 보고 싶지 않기에 과도한 고통에 노출되지 않도록 자녀들의 세상을 조작하려 한다. 하지만 아이들은 껍질을 깨고 나오는 병아리와 같다. 병아리는 먼저 부리로 껍질을 약간 깬 후 부리를 밖으로 내밀어 쪼개진 부분을 계속 쪼아 주변에 금이 가도록 만든다. 몇 시간 혹은 며칠 동안 근력을 키운 작은 병아리는 발로 금이 난 곳을 걸고 마침내 스스로 껍질을 깨뜨리고 나온다.

이런 과정을 처음 지켜보는 사람은 힘들어하는 병아리에게 안타까운 마음이 들지도 모른다. 그래서 껍질 부위를 살며시 벗겨 부화 과정을 단축시키고 병아리의 노력을 덜어주려 할 것이다. 하지만 이런 도움을 준 사람들은 곧 자신이 잘못했다는 것을 깨닫게 된다. 왜냐하면 이렇게 태어난 병아리는 몇 시간 이내에 죽어버리기 때문이다. 그 사람이 깨닫지 못한 것은 병아리가 자연적인 부화 과정에서 발달시킨 근육과 생명력이 바로 앞으로 병아리가 스스로 생존하기 위해 필요한 원동력이라는 사실이다. 병아리에게서 이 경험을 빼앗으면 병아리는 껍질 밖으로 나와 생존할 수 없다.

마찬가지로 부모도 자녀들이 삶에서 어떤 힘든 일을 겪을 때 한 걸음 뒤로 물러서서 그들 스스로 경험하고 이겨나갈 수 있도록 허용해야 한다. 그래야 아이는 강하고 회복탄력성이 큰 사람으로 성장할 수 있다.

각 가족마다 요구되는 것이 다르겠지만, 아이에게 용기 있는 시도가 필요하거나 자기 내면의 힘에 대한 명확한 그림이 필요하다면 다음 활동 중 하나를 시도해보자.

활동 40
돌과 풍선

참여 인원	2인 이상
나이	5세 이상
준비물	• 무거운 돌(1개) • 바람을 넣은 풍선(1개) • 못이 박힌 판자(1개) • 매직펜(1개)

　이 활동을 시작하기 전에 준비한 판자에 '삶의 문제'라고 쓴다. 좀 더 나이가 든 아이들일 경우 '역경'이라고 쓴다. 풍선과 돌은 두 가지 유형의 다른 사람 또는 동일한 사람의 두 가지 다른 행동 방식을 나타낸다고 설명한다. 돌은 날이 거칠고 모양은 완벽하지 않고 색상도 칙칙하고 무겁다. 반면에 풍선은 가볍고 둥글고 색상도 화려하고 매끈하다.
　이 두 '사람'의 성격이 어떻게 보일지 아이들에게 물어본다. 이들은 친구들 사이에서 어떻게 행동할까? 어떤 쪽이 더 권위적일까? 어떤 쪽이 타인의 요구에 더 신경을 쓸까? 아이들이 어떤 반응을 보이든 모두 수용해주고 그에 따라 자유롭게 토론하도록 도와준다. 이때 정말 중요한 것은, 아이들이 두 다른 성격을 정확하게 시각화하는가가 아니다.

두 물건을 진짜 사람처럼 생각하고 토론하도록 만드는 것이다.

이제 아이들에게 못이 박힌 판을 보여주며 이것을 삶의 문제라고 소개한다. 그리고 살면서 겪게 될 문제(질병, 경제적 문제, 외로움, 친구와의 문제, 학교에서의 어려움, 부모님의 이혼, 새로운 도시로의 이사, 애완동물의 죽음 등)에는 어떤 것들이 있을지 물어본다. 어린 아이들을 대상으로 할 때에는 막연한 문제보다 전학 가는 문제와 같은 구체적 경험을 선택해 그런 경우 어떤 느낌이 들지에 대해서 이야기를 나누어보는 것이 좋다.

이제 뾰족한 못으로 돌 표면을 긁는다. 못으로 바위 이곳저곳을 치면서 삶의 문제에 봉착하게 되면 그 '사람'에게 무슨 일이 벌어지는지 물어본다(못으로 찔리는 아픔도 느끼고 여기저기 상처도 나겠지만 삶에서 부딪치는 문제로 그 사람이 무너지지는 않는다). 못 박힌 판자로 풍선을 살짝 쳐본다. 풍선 여기저기를 가볍게 두드려보다가 세게 눌러서 풍선을 터뜨린다.

돌보다 풍선이 왜 이렇게 빨리 터지는지에 대해 다음과 같이 질문하면서 토론해본다.

- 어떤 '사람'이 더 단단한가?
- 돌이 만들어지기까지 시간이 얼마나 걸릴까?
- '허풍'이라는 용어는 무슨 의미인가?
- 풍선 안에 든 것은 무엇인가? '풍선' 유형의 사람이 지닌 화려하고 완벽한 겉모습이 그가 스트레스를 받았을 때 도움이 될까?

- 역경에 부딪쳤을 때, 풍선이나 돌을 약하게 또는 강하게 만드는 것은 무엇일까? (그것은 무엇으로 만들어졌나? 안에 든 것은 무엇인가?)

이제 아이들 하나하나에게 '스트레스 받으면 바로 뻥 터져버리는' 사람이 되지 않으려면 어떻게 해야 하는지, 살면서 스트레스와 어려움에 직면해도 무너지지 않고 이겨낼 수 있는 용기와 배짱을 지니려면 어떻게 해야 하는지에 대해서 물어보라. 구체적인 도전적 상황을 예로 들면서, 이런 시련에 직면해서도 바위처럼 단단한 힘을 유지하기 위해 아이가 할 수 있는 일은 무엇인지 물어본다.

활동 41

이럴 땐 어떡하지?

참여 인원 2인 이상

나이 3세 이상

준비물 없음

　이 단순한 게임은 이 책에 소개된 다른 어떤 활동보다도 자녀들에게 중요한 교훈을 가르쳐줄 가능성이 높다. 아무런 준비물 없이 할 수 있고, 차 안이나 공항, 쇼핑몰이나 식료품 가게 아니면 아이가 가만히 있지 못하고 지루해하는 어떤 곳에서나 할 수 있다. 나는 우리 아이들에게 시도 때도 없이 수시로 해보았는데 아무도 싫어하는 법이 없었다. 오히려 일정 연령대에는 이 게임을 하자고 너무 졸라대는 바람에 나로서는 새로운 소재를 생각해내기가 버거울 정도였다.

　이 활동은 전 연령대의 아이들에게 문제해결능력과 의사결정기법을 발전시킬 수 있도록 도와주며 이는 자연스럽게 자신감 발달로까지 이어진다. 자신감 없이는 어떤 정신적 강인함과 용기도 개발할 수 없다. 이 작은 게임은 아이들이 실제 상황에서 어떻게 대응해야 하는지를 연습하는 데도 도움이 된다.

이 활동은 "~할 경우, 너는 어떻게 할 거니?"라는 질문을 시작으로, 아이가 하는 대답에 따라 그에 맞는 일련의 질문들을 계속 던져주면 된다. 질문에 대한 아이의 대답을 듣고 나서 "다른 방안은 없을까?" "그게 안 통할 경우 어떻게 할 거니?"와 같은 후속 질문을 하면서 아이가 그 상황을 다각적으로 생각해볼 수 있도록 유도한다. 자녀의 대답이 상황에 부적절한 대처 방안이라고 생각된다면 그 문제에 대한 당신의 생각을 얘기하고 그것에 대한 아이의 입장을 물어본다.

당신이 물어볼 수 있는 질문의 종류에는 제한이 없다. 할로윈이나 크리스마스 선물과 같은 계절에 따른 질문일 수도 있고, 그냥 재미로 공상적인 차원의 질문을 할 수도 있으며, 당황스러운 상황에서 생각을 유도하기 위한 질문도 있을 수 있다. 질문의 유형과 상관없이, 우리 아이들은 주어진 질문에 대답하기 위해 요리조리 생각하면서 많이 배우게 되고 나 또한 아이들이 대답하는 것을 보며 많은 것을 배웠다.

- 잠자다가 화재 경보가 울려서 잠이 깼다면?
- 쇼핑몰에서 주변을 둘러보았는데 어디에서도 엄마를 찾을 수가 없다면?
- 학교에서 친구가 다른 누군가의 책상에서 몰래 꺼내온 시계를 보여준다면?
- 모르는 사람이 학교에 와서, 엄마가 자동차 사고로 병원에 입원했다며 빨리 같이 가자고 한다면?

- 크리스마스에 돈도 없는데 가장 친한 친구가 아주 비싼 선물을 했다면?
- 친구네 집에서 하룻밤 자기로 했는데 친구가 우리 집 규정상 금지되어 있는 성인용 비디오를 켜려고 한다면?
- 길을 걷다가 지갑을 주웠는데 5만원권 지폐가 들어 있고 신분증이 없을 경우에는?
- 공터에서 야구를 하다가 하필이면 자신이 세게 친 공이 근처에 주차되어 있던 차의 앞부분을 찌그러뜨렸다면?
- 네가 5명의 요원을 태우고 5개월 동안 항해해야 하는 우주선의 책임자라고 가정하자. 지구를 출발한 지 이틀이 지났는데 갑자기, 우주선에 3명이 5개월 동안 먹을 분량의 식량만 실려 있다는 사실을 알게 되었다면?
- 방과 후에 친구와 자전거를 타고 집으로 돌아오는데 친구의 자전거가 넘어지면서 타고 있던 친구가 쓰러져 피를 흘린다면?
- 한 친구가 자기 집에 와서 게임하자고 초대했는데, 그때 다른 친구가 같은 시간에 수영하러 가자고 전화를 했다면?
- 너희 반에 한 소녀가 전학을 왔는데, 쉬는 시간에 그 애가 게임의 규칙을 몰라 의자에 혼자 앉아 있다면?
- 학교 운동장에서 상급생이 너의 발을 걸어 넘어뜨렸다. 그러면서 시멘트 바닥에 부딪쳐 이가 부러졌는데 다음날 그 애가 찾아와서 사과를 한다면?
- 재미있는 프로그램을 시청하고 있는데 엄마가 자동차에 가서 식료품을 가져와 달라고 한다면?

이 질문들은 단지 아이에게 생각거리를 던지는 역할을 한다. 자녀가 아주 어린 경우에는 장난감 같이 갖고 놀기, 부모님 말씀 잘 듣기와 관련된 질문을 할 수도 있다. 질문거리는 그야말로 무궁무진하다.

활동 42
돌돌 만 종이

참여 인원 2인 이상

나이 4세 이상

준비물 • A4 종이(1장)　• 작은 책(1권)

아이에게 종이 한 장을 보여주면서 한 손만 사용해서 종이로 책을 받치고 있을 수 있는지 물어본다. 아이는 시도를 해보든지 아니면 바로 불가능하다는 걸 알 것이다.

이제 종이를 돌돌 말아서 그 직경이 2~3cm 정도 되는 관을 만든다. 관 모양으로 만든 종이를 한 손으로 잡고 세운 다음 책을 관 위에 올려놓는다. 그럼 종이 위에 책을 받칠 수 있다.

이 이야기를 자신 안에 있는 약점을 강점으로 전환시킬 수 있는 능력과 결부시켜보자. 처음에 이 종이는 얇고 약해서 책의 무게를 지탱하지 못했다. 이것은 문제나 장애에 직면한 어떤 사람에 비유할 수 있다. 그 사람은 문제에 맞서거나 대항할 용기가 부족할 수 있다. 어떤 의미에서 그는 나약하다. 이런 나약함은 두려움, 불안감 또는 이전에 실패한 경험들로부터 오는 것이다. 타석에 들어설 때마다 삼진

아웃 되는 아이는 자신이 공을 절대로 치지 못할 것이라는 두려움을 갖고 있다. 그런 두려움이 아이를 꼼짝 못하게 만드는 약점이 된다.

이러한 약점을 강점으로 바꾸는 방법은 부단한 연습과 결심 그리고 인내를 통해 끈질기게 우리의 기술을 갈고닦아 향상시키는 것이다. 종이를 감아 단단한 관으로 만들 수 있듯이 인내할 용기만 있다면 우리의 약점을 단단한 근육으로 무장시킬 수 있다. 어떤 압력도 이겨낼 수 있는 불굴의 용기와 힘을 키울 수 있다.

아이에게 다음에 등장하는 주인공들이 자신의 약점을 강점으로 바꾸려면 어떻게 해야 하는지 물어본다.

- 토미는 학교에서 발표를 해야 하는데 친구들 앞에서 말하는 것을 두려워한다.
- 제니는 아이스크림과 과자를 좋아하는데 작년에 몸무게가 5kg이나 불어서 자기 나이에 비해 약간 과체중이다.
- 캐런은 선천적으로 눈이 안 보여서 7살에 특수학교에 입학했다. 최근 캐런의 부모님은 캐런이 피아노 앞에 앉아 간단한 멜로디를 작곡하는 것을 보게 되었다.
- 스티븐은 중학생인데 성적이 중하위권이다. 아이들한테 인기도 없고 자신감도 별로 없다. 그의 유일한 관심사는 사진 찍기다.
- 10살인 제프리는 나이에 비해 키가 너무 작다. 농구를 좋아하지만 자기 기술이 수준에 못 미친다고 생각하여 농구팀 선발에 응해보는 것을 늘 겁낸다.

이런 대부분의 경우, 자녀의 약점을 강점으로 바꾸도록 부모가 격려할 수 있는 방법이 있다. 부모로서 아이들이 갖고 있는 단점이나 두려움을 인지하게 되면, 우리는 아이가 그 두려움을 직면하는 방법을 찾도록 도와주고 변화를 만들어낼 수 있도록 격려하고 지원해주어야 한다.

　바로 성공할 수 있는 것이 아니므로 만약 아이들이 실패하게 되면 "용기는 성취하는 데서 나오는 것이 아니라 시도하는 데서 나오는 것이다"라는 점을 일깨워줘야 한다. 삶에서 용기를 보여주는 많은 순간들은 실패하고 나서 격려를 받아들이고 다시 시도할 때 생긴다. 부모가 자식의 노력에 대해 칭찬해준다면 자식의 마음 속 깊이 굳건한 용기가 생겨날 것이다.

활동 43

두려움 크래커 깨기

참여 인원	2인 이상
나이	3세 이상
준비물	• 비스킷(10~20개) • 밀방망이(1개) • 종이(1장) • 매직펜(1개) • 스카치테이프(약간) • 도마(1개)

두려움은 아이의 자신감을 무너뜨릴 수 있는 가장 강력한 감정이다. 이 활동은 아이에게 두려움을 극복할 수 있는 힘을 부여하고 용기를 불어 넣어주는 것이 무엇인지를 잘 의식하게 해준다.

먼저 아이가 무엇을 두려워하는지에 대해 대화를 나누어본다. "네 방에 뭔가 무서운 게 있니? 학교 가는 데 제일 싫은 게 뭐야? 왜 조니네 집에서 놀기 싫은 거니?" 이런 질문들을 통해 아이의 생각을 이끌어낼 수 있다.

매직펜으로 비스킷 하나에 하나씩 아이의 두려움을 나타내는 단순한 상징이나 단어의 첫 글자를 적

는다. 이제 이 두려움을 이겨낼 수 있는 아이가 갖고 있는 무기(능력)에 대해 이야기하고 그것을 종이 위에 쓴다. 아이가 타고난 능력에는 어떤 것들이 있을까? 빨리 달리는 것, 수수께끼 잘 푸는 것, 민첩하게 움직이는 것, 비상사태에 잘 대처하는 것, 동물을 잘 보살피는 것, 집중력, 눈과 손의 협응력 등을 생각해볼 수 있다. 상상력을 잘 활용한다면, 더욱 특별하고 개성 있는 특성들을 발견해 그것을 효과적인 '전투 무기'로 바꿀 수 있을 것이다. 그 가능성은 무궁무진하다. 그것들을 발견하는 데 시간이 좀 걸릴 뿐이지 모든 아이들의 내면에는 자기만의 고유한 능력이 수없이 존재한다.

이런 특성들을 종이에 다 적어놓고 나서, 아이가 두려움 자체보다 얼마나 더 강한지에 대해 이야기해본다. 이런 타고난 능력을 적절하게 잘 활용하면 두려움과 불안을 이길 수 있다. 이런 능력들이 적힌 종이를 밀방망이에 감싸고 테이프로 고정시킨다.

먼저 아이에게 두려움 비스킷을 입으로 불어 날려버릴 수 있는지 물어본다. 아이가 불어보면 과자가 조금 움직이기는 하겠지만 대부분 그 자리에 그대로 있을 것이다.

이제 아이에게 방망이 손잡이를 잡고 도마 위에 있는 비스킷을 있는 힘껏 깨부수라고 한다. 아이들은 비스킷 깨는 놀이를 좋아하지만 과자를 부수는 것이 뜻하는 바가 무엇인지 잘 이해하지 못할 수도 있다. 이제 두려움도 부수면 물리치기가 더 쉽다는 것을 보여주기 위해 아이에게 잘게 부서진 과자 부스러기를 후우 불어버리라고 한다. 과자 부스러기를 불어서 날리는 것은 어려운 일이 아니므로 아이는 이제 자신의 두려움이 날아가 사라지는 것을 지켜볼 수 있을 것이다.

11마당

존중과 예의

활동 44 황금률 게임

활동 45 깃털 날리기

활동 46 이쑤시개 주세요

활동 47 전화기 놀이

아이들에게 주는 명언 한마디

좋은 예의란 때로 타인의 무례함을
그냥 너그러이 넘어가 주는 것을 의미한다.

부모들에게 주는 명언 한마디

한 개인을 대할 때 그가 되어야 하고 또 될 수 있는
그런 사람으로 대한다면 그는 결국 그가 되어야 하고
될 수 있는 그런 사람이 될 것이다.

— 괴테

언젠가 우리 아들 둘이 나누는 대화를 듣고 나는 크게 깨달은 바가 있었다. 당시 10세인 이안과 7세인 알렉스가 케이크를 두고 다투고 있었다. 케이크는 두 조각이 남아 있었는데 하나는 크고 다른 하나는 그보다 작았다. 동생 알렉스가 큰 것을 잡아채자 이안이 말했다. "알렉스, 이건 매너가 아니지 않아? 나한테 먼저 고르라고 하면 난 항상 작은 걸 집었다." 이 말에 알렉스는 "그럴 줄 알고 내가 형 거 남겨둔 거야."라고 받아쳤다.

상대방의 감정을 존중하는 법은 우리 아이들에게 가르쳐야 할 가장 기본적인 인생 교훈 중 하나이다. 이런 태도는 아이들이 자연스럽게 타고나는 것이 아니다. 아이들은 오직 한 사람, 바로 자기 자신의 욕구만 생각한다. 따라서 부모는 일정 기간 동안 도덕적 개입자로서의 역할을 해야 한다. 자녀가 타인을 대하는 옳은 태도와 나쁜 태도를 구별할 수 있도록 도와주어야 한다.

아이들은 대개 나이가 들어가면서 주변 사람들의 욕구도 인식하기 시작하고 일정 정도 용인하는 태도를 보이지만 타인을 진정으로 배려하고 존중하는 태도를 지니게 되기까지는 오랜 시간이 걸린다. 사람들은 아이들이 10대 무렵이 되면 가족과 친구들을 존중하고 배려하는 태도가 자연스럽게 형성된다고 말한다. 하지만 정말 그런지는 특별히 할 말이 없다.

그렇지만 나는 모든 가족한테 변함없이 계속 적용되는 것이 있다고 생각한다. 아이들은 자기를 보살펴주는 어른의 행동을 보면서 자신의 인성을 발달시켜간다는 점이다. 아이들은 자신의 부모가 타인을 어떻게 대하는지를 지켜보면서 타인을 어떻게 대해야 하는지에 대한 최초의 교훈을 배우게 된다.

아이들은 부모가 사려 깊고 너그러우며, 신뢰할 수 있고 친절할 뿐 아니라 깊고도 명백하게 사랑하는 모습을 보게 되면 자신이 개인적 관계에서 어떻게 행동해야 하는지 뿐만 아니라 모든 사람들을 어떻게 존중하며 관심을 가지고 사랑하는지도 배우게 된다.

우리의 이웃에 사는 닉은 장애가 있어 휠체어를 타고 다닌다. 다리는 말랐고 말은 아주 어눌하다. 닉은 여섯 살이 되던 해에 우리 집에서 한 블록쯤 떨어진 곳으로 이사를 왔고 지금껏 쭉 그곳에 살고 있다. 보통 토요일 오후쯤 되면 집집마다 문을 두드리며 돌아다니는 닉을 볼 수 있는데 자기가 좋아하는 스포츠에 관해 단 몇 분 동안이라도 이야기 나눌 사람을 찾는 것이다.

　모든 사람이 닉에게 시간을 내주는 것은 아니다. 하지만 나는 남편이 현관에 서서 닉과 농담을 주고받고 웃으면서 30분이 넘도록 고등학교 축구팀에서부터 장애인 올림픽에 이르기까지 온갖 스포츠를 화제 삼아 이야기 나누는 것을 여러 번 보았다. 그리고 여러 해 동안 우리 아이들은 아버지의 그와 같은 행동을 따라 하였다. 항상 대화할 시간을 내줄 수 있는 것은 아니었지만 우리 애들 중 어느 누구도 닉이 오면 문을 걸어 잠그는 것을 보지 못했다. 언젠가 애들도 아버지를 지켜보면서 배운 것이 무엇인지를 인식하게 될 것이다.

　사람의 진정한 인격은 상사나 좋아하는 선생님 혹은 가장 친한 친구를 어떻게 대하는지가 아니라 우리의 친절에 전혀 보답할 것이 없는 사람을 어떻게 대하는지를 보면 알 수 있다.

　자기 삶에서 장애를 극복하는 데 큰 용기와 결단을 보여준 닉처럼 종종 그런 사람들이 우리에게 실제로 뭔가를 보답하는 경우가 있다.

　우리 아이가 다른 사람을 존중하고 예의 바르며 친절한 태도를 갖춘 아이로 성장하게 하는 비결은 닉과 같은 아이들을 존중하는 모습을 보여주는 것이다. 『자녀에게 가치관 가르치기(Teaching Your Children Values)』의 공동 저자인 린다 아이와 리차드 아이는 이렇게 말했다.

"우리가 명심해야 할 것은 존중이란 지속적으로 받지 못하면 남에게 베풀 수 없다는 것이다…. 가정에서 대우받은 존중을 기반으로 자아 존중감이 형성된다. 가정에서 보고 배운 존중을 기반으로 집 바깥의 사람들을 존중하게 된다."

자녀에게 판에 박힌 비난, 비판, 설교를 하고 있는 자신을 발견하게 된다면, 잠시 멈추고 스스로에게 물어보라. "만약 내가 아이를 대하는 방식으로 친구를 대한다면 어느 친구가 내 곁에 남아 있을까?"

아무리 친한 친구라 해도 더없이 좋을 때가 있는 반면 꼴도 보기 싫은 때도 있다. 좋은 친구가 되는 법을 배우는 것은 어려운 과제이다. 하지만 부모는 아이가 친구의 입장에 잘 공감하고 섬세하게 반응하도록 가르침으로써 좋은 친구가 되도록 도와줄 수 있다.

초등학교 5학년인 사만다와 애니는 3년 동안 가장 친한 친구로 지냈다. 모든 걸 함께 했으며 서로의 마음을 거의 읽을 수 있었다. 그러던 어느 날 애니가 학교에 와서도 이상하게 통 말이 없었다. 쉬는 시간에도 혼자 우두커니 의자에 앉아만 있고, 사만다에게 말도 걸지 않았다. 사만다가 다가가자 애니는 인상을 쓰면서 고개를 돌려버렸다.

그 다음날도 상황은 마찬가지였다. 사만다는 애니가 더 이상 자기와 친하게 지내고 싶어 하지 않는다고 생각하며 속상해했다. 그래서 사만다는 방과 후에 애니에게 전화를 걸어 자기가 얼마나 속상하고 당황스러운지 말하려고 했다. 사만다가 집에 와서 엄마에게 이 사실을 털어놓자 딸의 얘기를 다 듣고 난 엄마는 애니에게 전화하기 전에 '남에게 대접받고자 하는 대로 남을 대접하라'는 '황금률 게임'을 먼저 해보자고 제안했다.

활동 44

황금률 게임

참여 인원 3인 이상

나이 4세 이상

준비물 • 동일한 대상을 다르게 찍은 사진 2장(1세트)

• 사진을 붙일 판(1개) • 풀 또는 스카치테이프(약간)

시작하기 전에 잡지에서 배경이나 모양은 다르지만 동일한 대상(아기, 집, 자동차, 물고기, 배, 나무 등)의 사진 두 장을 오린다. 예를 들어, 나무 사진이라고 하더라도 한 사진은 꼬마전구로 장식된 크리스마스트리이고, 다른 하나는 잎사귀에 벌레가 기어가는 나뭇가지를 찍은 「내셔널 지오그래픽」 잡지 스타일의 사진일 수 있다.

이제 두 사진을 준비한 판의 양쪽 면에 각각 하나씩 풀이나 테이프로 붙인다. 그리고 두 사람을 판으로부터 2미터쯤 떨어져 마주보고 서라고 한다. 진행자는 두 사람 사이에 판을 붙잡고 서서 각자 다른 면을 볼 수 있게 한다.

참가자 두 명에게는 판의 양쪽 면에 동일한 대상의 사진이 붙어 있다고 말한다. 그리고 두 사람에게 번갈아 가면서 보이는 대상의 특징을 묘사하도록 한다. 예를 들어, 벽돌이 있고, 갈색 눈이고 둥근 모양이다 등등. 두 사람은 서로의 묘사를 들으며, 같은 대상을 보고 설명하는데 서로 말이 일치하지 않는다는 것을 깨닫게 된다. 이때 두 관점 간의 불일치는 어디서 생겼는지 물어본다. 또 두 사람 중 한 사람에게 이런 불일치를 어떻게 해결할 수 있을지 묻는다. 만약 그들이 해결책을 생각해내지 못하면 다음 3가지 해결안을 제시하여 그 중 하나를 선택하게 한다.

1) 상대방이 틀렸다고 말한다.
2) 논쟁을 해서 자신의 묘사가 정확하다고 주장한다.
3) 상대편 쪽으로 가서 상대방의 관점에서 그 사진을 보려고 시도한다.

바라는 대로, 그들은 세 번째 대안이 가장 현명하다고 결정한다. 한 사람에게 반대편으로 가서 상대방이 본 사진을 보도록 한다. 그런 다음 아이들에게 다음 질문 가운데 몇 가지를 물어본다.

- 다른 사람의 시각에서 대상을 보는 것이 왜 중요한가?
- 다른 사람의 시각에서 보면 누구에게 이익인가?
- 황금률이란 무엇이고, 이것은 우리에게 무엇을 하라고 가르치는가?
- 황금률을 따르는 것이 논쟁을 피하는 데 어떤 도움이 되는가?

- '다른 사람의 신발을 신고 걸어보라'는 말의 의미는 무엇인가?
- 왜 사람들은 다른 측면을 보려고 시도하지 않고 상대방과 자주 논쟁을 하는가?
- 자신이 옳다고 알고 있는데 다른 사람이 동의하지 않은 적이 있는가? 어떻게 그것을 해소했는가? 상대방의 의견에 귀 기울이고 그 사람의 입장에서 사건을 바라보려고 노력하였는가?

이 활동을 하고 나서 사만다는 이 일을 애니의 입장에서 생각해보려고 했다. 지난 이틀 동안 애니가 부정적인 태도를 보이도록 만든 이유가 무엇인지 이해하려고 애썼다. 사만다는 애니에게 뭔가 안 좋은 일이 일어났을지도 모른다는 걱정이 들기 시작했다. 그래서 그녀는 전화해서 자신이 얼마나 상처 입었는지 말하는 것 대신 과자를 만들어 애니의 집에 갖고 가기로 마음먹었다.

애니네 집에 갔더니 애니 엄마께서 애니는 자고 있다고 말하며, 이틀 전 애니의 애완견이 죽어서 크게 상심한 애니가 아주 힘든 시간을 보내고 있다고 얘기해주었다. 애니는 애완견 생각이 날 때마다 눈물이 나기 때문에 자기 감정을 억누르기 위해 이 일을 아무한테도 말하지 않으려 했다는 것이다. 이제 사만다는 상황을 이해하게 되었고 엄마가 사태를 제대로 파악할 수 있도록 도와주어서 참 다행이라는 생각이 들었다. 덕분에 전화를 걸어 상대방의 마음을 상하게 하는 일을 피할 수 있게 된 것이다.

활동 45
깃털 날리기

참여 인원 2인 이상

나이 4세 이상

준비물 • 종이 봉지(1개) • 깃털 또는 쌀(1봉지)

• 나무젓가락(1개, 선택 사항) • 침대시트(1개, 선택 사항)

아이 혹은 가족과 함께 야외로 나가 넓은 장소에 자리를 잡는다. 좋은 예의를 가진다는 것과 타인을 존중한다는 것에 대해 간단히 언급하면서 이 활동을 시작한다. 깃털을 종이 봉지 속에 넣고 아이에게 건넨다. 그리고 아이에게 종이 봉지를 열어 안에 든 깃털을 주변에 맘대로 날려도 된다고 말한다. 아이가 그렇게 할 때, 당신은 사람에게 말하듯 깃털에게 다음과 같이 지시한다. "네가 처음 떨어진 곳에서 더 이상 먼 곳으로 날아가지 말아라."

어떤 점에서 깃털이 소문 혹은 뒷말과 같은지 얘기 나눠본다. 깃털은 쉽게 흩어지고 이곳저곳 날린다. 또한 그 자리에 움직이지 말고 그대로 있으라고 지시해도 소용없다. 소문도 마찬가지다. 다른 사람에 대한 평가를 하고 소문을 퍼트리기란 정말 쉽다. 어떤 경우, 다른 사람에 대해 이러쿵저러쿵 얘기하고 '솔깃한' 소문을 처음 만들어내는 것은 재미있기조차 하다. 하지만 우리가 누군가에게 이런 얘기를 하며 절대로 다른 사람에게 소문내면 안 된다고 신신당부한다고 해도 소문은 새어나간다. 이것은 아무리 그 자리에 가만히 있도록 '지시' 해도 이곳저곳 날아가 버리는 깃털과 똑같다.

이제 아이에게 깃털을 모아보라고 말한다. 아이가 '말도 안 돼!' 하는 눈초리로 당신을 쳐다볼 수도 있겠지만 꼭 그렇게 하도록 한다. 아이가 깃털을 모으려고 시도라도 해본 후에 깃털을 모으는 것이 쉬웠는지 물어본다. 그리고 이것을 소문의 효과와 비교해서 말한다. 다른 사람에 대한 험담을 반복하거나 소문을 내는 것은 쉽지만 일단 소문이 퍼지고 나면 거둬들이거나 취소하는 것은 불가능에 가깝다는 점을 강조한다.

대부분의 사람들이 한 봉지의 깃털을 손쉽게 구할 수 있는 건 아니므로 쌀을 뿌리고 나무젓가락으로 다시 줍게 해도 된다. 쌀을 사방에 뿌리고 아이에게 나무젓가락이나 손가락으로 주워 쌀알을 전부 회수하라고 한다. 그런 다음, 쌀알을 주워 담기 힘들다는 점에 대해 이야기를 나누고 이 일과 자기 맘대로 퍼뜨린 안 좋은 소문을 회수하는 일의 어려움을 비교해본다.

이 활동에 이어서 할 수 있는 재미있는 후속 게임으로는 '깃털 불기 게임'이 있다. 모인 사람이 4명 이상일 때 하면 더 재미있다. 모두 둥글게 선 다음 가운데에 침대시트를 펼친다. 침대시트는 모인 사람이 4명 이상이면 트윈사이즈로 하고 10명 이상이면 퀸이나 킹사이즈로 한다.

　모두 시트 가장자리를 양손으로 잡고 사방으로 팽팽하게 당기면서 양손은 턱 아래에 쥐고 있게 한다. 그리고 한 사람이 시트 위로 깃털 하나를 던지면 모두 그 깃털을 입으로 불기 시작한다. 이 게임의 목적은 깃털이 사람들의 머리나 어깨 위로 넘어가지 않도록 방어하는 것이다. 모두가 사방에서 불기 때문에 결국 누군가의 머리 위로 깃털은 떨어지거나 넘어갈 것이다. 그렇게 되면, 그 사람은 게임에서 탈락된다. 나머지 사람들은 좀 더 가까이 다가가 시트를 잡은 후 게임을 계속한다. 한 사람씩 빠질 때마다 시트 크기가 줄어들므로 남은 사람들은 점점 가까이 다가서게 될 것이다. 마지막까지 남은 사람이 게임의 승리자가 된다.

　만약 깃털이 없다면 탁구공으로 할 수도 있다. 서서 하는 대신 모두 무릎을 꿇거나 앉아서 해도 된다.

활동 46

이쑤시개 주세요

참여 인원 3인 이상

나이 4세 이상

준비물 • 이쑤시개(1인당 10개씩)

엄마의 잔소리를 재미있는 게임 형식으로 진행해보자. 여기서는 식탁 예절에 대해 다루려 하는데 모든 사람들에게 적용되는 일반적인 예절이 아닌 우리 집안만의 '식탁 예절'에 관한 것이다.

이 활동은 가족이 함께 저녁 식탁에 앉아 있을 때 하면 좋다. 이 활동은 특별한 날 저녁에 요리를 제대로 준비할 때 해야 한다. 촛불도 밝히고, 식탁 중앙에 신선한 꽃도 꽂아놓고, 가족들이 좋아하는 음식들을 푸짐하게 차려놓는다. 그렇게 하는 게 힘들다면, 주방 조리대 주변에서 핫도그나 냉동 피자, 포테이토 칩, 청량음료, 초콜릿 케이크를 준비해서 할 수도 있다. 그러나 이 활동을 하기로 결정하기 전에 미리 자녀들에게 기본적인 식탁 예절을 가르치는 것이 필요하다. 만약 지금까지 그렇게 해왔다면 지금 시작하면 된다.

각자의 자리에 이쑤시개 10개씩을 나눠준다. 활동을 시작하기 전에 가족들에게 미리 식탁 예절을 얼마나 잘 알고 있는지 알아볼 것이라고 알려준다. 누군가 다른 사람이 예의에 어긋나게 행동하는 걸 발견하게 되면 그 사람에게 이쑤시개 하나를 달라고 요구할 수 있는 게임이라고 설명해준다. 그러면 지적당한 사람은 기분 좋게 이쑤시개를 내줘야 한다. 식사를 마치고 나서 이쑤시개를 가장 많이 가진 사람이 우승자가 된다. 이긴 사람에게 작은 선물이나 상을 준다면 더 재미있을 것이다.

게임의 수위를 미리 적절하게 정해놓아야 한다. 그렇지 않으면 자칫 싸움이 날 수도 있다. 시작에 앞서 이 게임은 재미와 학습을 위한 것이므로 게임 중에 언쟁이나 불평을 하지 말고 잘못된 식탁 예절로 '걸리면' 이쑤시개를 아주 기꺼이 내주어야 한다는 점을 강조하라. 누군가 자기가 했느니 안 했느니 하면서 논쟁을 한다면 이쑤시개를 2개 내줘야 한다는 규칙을 정해야 할 수도 있다. 이 게임은 서로서로의 실수를 통해 식탁 예절을 구체적으로 배우기 위한 학습활동일 뿐이라는 점을 잘 설명해준다.

다음은 여러분이 가족에게 가르칠 또는 이 활동에서 사용할 만한 기본적인 식탁 예절 내용이다. 이를 참고하여, 여러분이 직접 '우리 집의 식탁 예절'을 만들어봐도 좋다.

- 손윗사람이 먼저 수저를 든 후 아랫사람이 따라 든다.
- 식탁에서 턱을 괴지 않는다.

- 밥그릇, 국그릇은 그릇째 들고 먹지 않는다.
- 입을 닦을 때는 냅킨을 사용한다. 손이나 옷소매로 닦지 않는다.
- 음식을 씹을 때는 입을 다문다.
- 음식을 씹을 때는 입을 다물고 씹으며, 소리를 내지 않는다.
- 수저나 젓가락으로 음식을 뒤적거리지 않는다.
- 식사 중에 책, 신문 등을 보지 않는다.
- 식사 중에 자리를 뜨지 않는다.
- 음식을 다 먹은 후에는 수저를 처음 위치에 가지런히 놓는다.
- 누군가에게 무엇을 건네 달라고 부탁할 때는 '~ 좀 주세요'라고 정중하게 말하고 전달 받으면 '고맙습니다'하고 감사를 표한다.
- 식사 중에는 트림을 하거나, 후루룩거리는 소리 혹은 거슬리는 소리를 내지 않는다.
- 식사 중에 재채기나 기침이 나올 때에는 고개를 돌리고 입을 가리고 한다.
- 음식을 먹는 도중에 뼈나 생선 가시 등은 옆 사람에게 보이지 않게 조용히 종이에 싸서 버린다.
- 멀리 떨어져 있는 음식이나 간장 등은 옆 사람에게 집어달라고 부탁한다.
- 식사 속도는 윗사람에게 맞추며, 윗사람이 식사를 마치고 일어나면 따라 일어선다.
- 식사 중에 자리를 뜨거나, 식사를 마치고 먼저 일어나려면 다른 사람들에게 양해를 구한다.

활동 47

전화기 놀이

참여 인원 2인 이상

나이 5세 이상

준비물 • 종이컵(2개) • 줄(1개, 4-5m 길이) • 클립(2개)
  • 빈 봉투(5장) • 매직펜(1개)

2개의 종이컵 바닥 중앙에 작은 구멍 하나씩을 뚫는다. 줄 한쪽을 종이컵 바깥쪽에서 구멍을 통해 안으로 끼워 넣고 클립에 묶어 고정시킨다. 줄의 다른 쪽 끝은 다른 컵 바닥 구멍으로 끼워 넣고 이전 컵과 똑같은 방식으로 고정시킨다.

두 아이에게 컵 하나씩을 들고 줄이 팽팽해질 때까지 간격을 벌리라고 한다. 한 아이는 컵에 귀를 대고 다른 아이는 컵에 입을 대고 조

용히 말하도록 한다. 한번 하고 나면 역할을 바꾸어 해본다. 줄이 통신선 역할을 하므로 메시지가 한 아이에게서 다른 아이에게로 쉽게 전달된다.

다른 사람과의 의사소통 방법에 대해 이야기하면서, 다른 사람들에게 명확하고 친절하게 말하는 것이 매우 중요함을 강조한다. 이 활동으로 아이들에게 노인을 공경하는 법도 가르칠 수도 있다. 어르신들은 청력에 문제가 있는 경우가 많아서 평소 크기의 목소리로 말하면 상대의 말을 이해하는 데 어려움을 겪을 수 있다는 점을 알려주는 것이다. 또한 이 활동은 또박또박 명확하게 말하고 상대방의 입장에서 경청하는 것이 얼마나 중요한지에 대해서도 얘기할 수 있는 좋은 기회이다. 그 줄에는 어떤 간섭이나 방해물이 없기 때문에 메시지를 잘 전달할 수 있다는 점에 비유해서 설명한다.

이제 각 봉투의 겉면에 효과적인 의사소통을 방해하는 것을 나타내는 단어를 한 개씩 적는다. 이기심, 무례함, 방해, 부주의, 닫힌 마음, 병, 불안 등과 같은 것이 포함될 수 있을 것이다. 만약 참가자들이 나이가 어린 아이들이라면 소리치기, 거짓말하기, 칭얼거리기, 자기밖에 모르기 같은 표현이 좋을 것이다.

두 어린이가 자기의 컵과 줄로 서로 대화를 주고받는 동안 의사소통의 방해요인을 적은 봉투를 접어 하나씩 줄에 걸친다. 봉투 하나만 걸어놓아도 아이의 들을 수 있는 능력은 금세 떨어진다. 단어가 적힌 봉투가 하나씩 더 걸릴 때마다 소리 전달력은 현격하게 나빠질 것이다. 이때 왜 의사소통 능력이 이렇게 떨어지는지에 대해 아이와 함께 이야기 나눈다.

가족 내에서 두 사람 사이에 오해가 있었던 실제 사례 몇 가지를 들고, 의사소통이 잘 안 되었던 원인에 관해 함께 얘기해본다. 그리고 다른 사람에게 이야기할 때는 자기의 감정을 솔직하게 표현하고, 상대의 말에 귀 기울이며, 상대방을 무시하지 않는 공손하고 긍정적인 말을 사용하는 것이 중요하다고 강조한다.

내가 아는 어떤 가족에게는 상대방을 무시하는 형제자매나 부모에게 적용하는 규칙이 있다. 그것은 누군가 상대방을 무시하는 발언을 하면 그 사람은 자기가 헐뜯은 사람에 대해 '칭찬하는 말'을 세 번 해야 한다는 규칙이다. 예를 들어, 야콥이 토리에게 '이기적인 놈'이라고 말했다면 야콥은 토리에 대한 칭찬을 세 차례 해야만 다른 가족과 다시 어울리거나 자기가 하던 일로 돌아갈 수 있다. 이 규칙은 아이들이 자기도 모르게 얼마나 많이 서로를 비난하는지 의식할 수 있게 해주는 좋은 방법이다.

12마당

신뢰와 믿음

활동 48   흙과 쿠키

활동 49   진실 게임

활동 50   떠오른 반짝이

활동 51   믿고 맡겨 봐

활동 52   알 수 없지만

아이들에게 주는 명언 한마디

이 모든 것에도 불구하고,
나는 여전히 사람들의 본심은 진정 선하다고 믿는다.

— 안네 프랭크

부모들에게 주는 명언 한마디

어떤 대가라도 치르겠다는 마음과 상대방 눈에 내가
불완전해 보여도 괜찮다는 각오를 했을 때
나는 비로소 상대에게 배울 수 있다.

— 루돌프 드라이커스

한 가정에 태어난 아기가 갖는 느낌은 갑자기 화성에 떨어져 낯선 존재들에 둘러싸여 있는 상황에 비유할 수 있다. 아기는 이런 걱정에 휩싸일 것이다. "나는 안전한가? 여기는 어떤 곳인가? 이 생명체들을 믿어도 되는가?" 아이는 자기의 초기 경험에 따라 주변의 사람들이 자신의 신체적, 정서적 요구사항을 충족시켜줄 수 있는 우호적인 존재인지 아닌지를 판단한다.

모든 아이들에게 기본적이고 안정적인 신뢰감은 필수적인 요소인데 만약 그것이 충족되지 못한다면 앞으로 아이는 정서적으로 건강하게 발달하지 못한다.

신뢰는 다양한 장면에서 형성되지만 그것은 항상 약속을 지키는 일과 관련되어 있다. 그래서 부모는 아이를 두고 외출할 경우, 아무리 갓난아이라 할지라도 어디 가는지, 언제 돌아오는지를 아이에게 알려줘야 한다. 아이가 유치원이나 학교에 입학하기 전에 미리 부모와 떨어져 지내는 것에 잘 적응할 수 있도록 아이를 미리 준비시켜야 한다. 자라면서 부모가 영화 보고 10시까지 돌아오겠다고 약속했으면 그 시간에 꼭 돌아온다는 것을 배운 아이들은 10대가 되어서 그들이 외출할 때 같은 방식으로 해야 한다는 것을 가르치기가 훨씬 쉬울 것이다.

신뢰감이 형성된 가정 분위기는 아이에게 이렇게 말해주는 것과 같다. "애야. 네 욕구를 충족시키도록 도와줄게. 날 믿어도 돼. 내가 완벽하지는 않지만 너에게 아주 솔직하게 대한다는 것만은 믿어주면 좋겠구나. 너 역시 완벽하지 않을 거야. 그러니 우리 함께 단점을 극복해나가도록 노력하자. 만약 내가 솔직하지 못한 모습을 보인다면 그건 널 속이는 거야. 서로 감추고 속이는 것은 좋지 않아. 부모 자식 관계가 벌어지게 되거든. 넌 나와 함께 있으면 안전해."

삶의 다른 측면에서처럼 신뢰와 믿음이라는 영역에서도 아이들은 부모의 행동을 보고 배운다.

만약 아이들이 부모가 세상에 대해 신뢰하고, 보이지 않지만 존재하는 것에 대해 믿음과 희망을 지니고 사는 것을 보고 자란다면 아이들 역시 그런 신뢰감을 키워나갈 것이다.

『격려의 마술(The Magic of Encouragement)』을 쓴 스테파니 마스톤은 이렇게 말했다. "우리 아이들이 보고 듣고 느끼는 모든 것은 자기의 비디오테이프에 기록된다. 이 영화의 주연 배우는 누구인가? 바로 당신이다. 당신이 하는 말, 무엇보다 당신이 하는 행동은 그곳에 기록되어 끊임없이 재생된다. 사람들은 누구나 자기만의 비디오테이프를 갖고 있다. 단지 성인은 이용 가능한 비디오테이프를 더 많이 갖고 있을 뿐이다."

아이들에게 신뢰와 믿음을 가르치는 데에는 분명 어느 정도의 까다로운 점이 있다. 한편으로는 아이들이 세상을 믿고 인류의 선함을 신뢰하고 살길 바란다. 부모는 의지할 수 있으며 친구와 선생님, 코치, 목사님들은 대체로 믿을 만한 사람이라고 알기를 바란다. 그렇지만 동시에 세상이 꼭 그렇지만은 않다는 것도 분명히 가르쳐야 한다. 좋은 친구가 실망시킬 때도 있고, 아이들을 최우선적으로 생각하지 않는 이기적인 선생님도 있을 수 있고, 남을 해코지하려는 나쁜 사람도 있다는 것 또한 가르쳐야 한다. 그러므로 우리는 우리 아이들에게 낙관적인 믿음과 건강한 회의론 사이에서 절묘한 균형을 유지할 수 있도록 가르쳐야 한다.

종교적인 배경을 가진 가정에서 믿음은 신앙과 아주 밀접하게 연결되어 있다. 하느님에 대한 신앙은 그런 방향으로 격려 받게 되면 대부분의 아이들이 자연스럽게 지니게 된다. 부모는 아이들에게 하느님을 믿고, 그의 존재에 대한 믿음을 가지며, 하느님께서 인간을 사랑하고 계심을 믿도록 그리고 하느님께서는 궁극적으로 우리를 기쁨의 나라로 인도하실 거라는 희망을 갖도록 가르칠 수 있다.

여기 한 작은 소녀가 하느님께 보낸 편지를 보면 느낄 수 있듯 아이들의 천진난만한 신앙은 참 사랑스럽다. "하느님, 아기 남동생을 보내주셔서 감사합니다, 그렇지만 제가 보내달라고 기도한 건 강아지였어요. - 조이스 올림." 이런 순수하고 솔직한 글은 아이가 실제 살아서 존재한다고 느끼는 누군가에게만 보일 수 있는 것이다.

이제 소개되는 활동들은 여러분이 신뢰와 믿음의 중요성에 대해 아이와 대화할 기회를 제공해줄 것이다. 이 모든 활동들은 가족과 친구 간의 신뢰라는 주제와 연결시킬 수 있고 당신의 가족에게 의미 있다면 세속적인 신뢰 문제를 넘어 신앙의 영역에까지 적용할 수 있을 것이다.

활동 48
흙과 쿠키

참여 인원	2인 이상
나이	3세 이상
준비물	• 식물 화분(1개) • 은박지(화분너비보다 좀 더 크게)
	• 흙 색깔의 비스킷이나 쿠키(1봉지)
	• 숟가락(1인당 1개씩)

이 활동을 시작하기 전에 식물이 심어진 화분의 윗부분에 있는 흙을 조금 덜어내고 그곳에 은박지를 깐다. 준비한 비스킷이나 쿠키를 잘게 부셔서 화분에 덮어둔 은박지가 보이지 않을 만큼의 '화분 흙'을 만든 후 2-3cm정도 두께로 덮어둔다. 아이들이 이 사실을 알아채지 못하도록 해야 한다.

아이나 가족에게 화분을 보여주면서 식물이 잘 자라도록 하려면 태양, 공기, 물과 흙 이 4가지 요소가 필요하다고 말한다. 그리고 이 화분의 식물은 물도 정기적으로 주었고, 햇볕과 통풍이 잘 되는 자리에 놓여 있었으며, 필수 영양소가 풍부한 흙에 심어졌기 때문에 4가지 요소를 모두 갖추어 건강하게 잘 자라고 있다고 설명한다.

아이들에게 이 화분의 흙은 너무 좋고 약으로도 쓰이므로 사람이 먹어도 될 정도라고 말한다. 그리고 한 아이에게 한 숟가락 떠먹어 보고 싶은지 물어본다. 살살 구슬려야 할 수도 있을 텐데 이것은 정말 맛있을 거라고 믿게끔 잘 설득해야 한다. 설마 부모가 너희에게 해로운 걸 시키지는 않을 것이니 나를 믿고 한번 해보라고 말한다. 더 나아가 아이에게 신뢰란 무엇인지 간략하게 설명하고 부모인 당신을 신뢰하게 된 사건에 대해 물어볼 수도 있다.

누군가 이 '화분 흙'을 맛보고 그것은 흙이 아니라 과자라는 사실을 알게 되면 이 상황의 전말을 설명해준다. 아이가 부모에 대한 기본적인 신뢰와 믿음-부모는 자식에게 해로운 짓을 시키지는 않을 것이라는-을 가지고 있었기 때문에 그의 말을 따르게 되었으며 이런 믿음이 부모가 하라는 것을 할 용기를 내게 만든 것이다.

지금이 '살다 보면 우리는 가끔 눈앞에 보이는 것을 믿는 대신 신뢰나 믿음에 의지해서 나가야 할 때가 있다'는 사실에 대해 이야기 나눌 좋은 기회이다. 아이가 어떤 규칙이나 지침(학교에 가기, 자전거 안전모 쓰기, 건강식 먹기, 해지기 전에 귀가하기, 이웃돕기, 바다에서 나오라고 할 때 나오기 등)을 왜 자기가 따라야 하는지 늘 이해할 수 있는 아니다. 하지만 아이는 세상에는 일관성 있게 믿을 만큼 충분한 신뢰를 키워야 하는 사람들이 있다는 것을 이해해야 한다.

이쯤에서 아이에게 세상 모든 사람들을 다 믿을 수 있는 건 아니며, 절대 자기의 올바른 판단을 거스르면서까지 무엇인가를 해야 한다고 느낄 필요 없다는 것, 특히 잘 모르는 사람이 부추기는 일이라면 더욱더 하면 안 된다는 점을 강조하는 것이 좋겠다.

신앙을 가진 가족이라면 이 활동을 하느님이나 신적 존재를 믿는 것에 적용할 수 있다. 비록 우리가 하느님을 눈으로 볼 수는 없지만 하느님은 살아계셔서 우리를 보살피고 인도해주고 계시다는 것에 대한 믿음을 가질 수 있다고 설명해준다.

이 활동은 식물 화분 대신 작은 단지 또는 잔과 씨앗 하나로도 할 수 있다. 단지를 과자 부스러기로 채운다. 그리고 누군가에게 이 단지의 좋은 토양에 씨앗을 심어보라고 한다. 숟가락으로 구멍을 내고 거기에 씨앗을 심은 다음, 맛있고 영양 많은 흙을 한입 먹어보라고 한다. 그리고 앞에서와 같은 방법으로 설명하고 마무리한다.

활동 49
진실 게임

참여 인원 2인 이상
나이 6세 이상
준비물 • 콩 또는 M&M 초콜릿 또는 이쑤시개 (1인당 10개씩)

이 활동은 아주 간단하지만 아이와 어른 모두 재미있게 할 수 있다. 나는 이 활동을 식당에서 어른들과 해보았고(콩 10개 대신에 손가락 10개를 사용해서), 차를 타고 가면서 아이들과도 해보았다. 이 활동의 주목적은 '자신을 좀 더 많이 알아가는' 재미에 있지만 이와 더불어 신뢰와 정직이라는 원칙에 연결시켜 진행할 수도 있다.

참여자 각자에게 준비한 소품을 10개씩 나눠주는 것으로 시작한다. M&M 초콜릿이나 콩, 조약돌, 동전 등 집에서 찾을 수 있는 아무 소품이나 괜찮다. 만약 파티장에서 이 활동을 한다면 M&M 초콜릿이나 작은 사탕으로 하는 것이 게임에 재미를 더해줄 것이다. 한 사람이 '나는 한 번도 ~ 한 적이 없다'라는 말로 시작한다. 솔직하게 자신은 절대로 한 적이 없는 진술을 해야 한다.

아이들의 경우: 축구 시합을 했다. 성적표에 '양'을 받았다. 립스틱을 발랐다. 선생님께 거짓말을 했다. 남자에게 키스를 했다. 롤러코스터를 탔다. 수학 시험에서 '100점'을 받았다. 잔디를 깎았다. 과자를 구웠다. 가게에서 초코바를 훔쳤다.

어른의 경우: 하와이에 가봤다. 과체중이 되었다. 빨간 팬티스타킹을 입었다. 시어머니한테 거짓말했다. 자녀의 숙제를 대신했다. 일주일에 책을 두 권 읽었다. 대학교를 졸업했다. 탈세했다. 집에서 파이를 구웠다.

누군가 '~해본 적이 없다'는 진술을 하고 나면, 참가자 중에서 그 활동을 해본 경험이 있는 사람은 자기 소품 중 하나를 그 사람에게 줘야 한다. 만일 소품 없이 할 경우 참가자들은 열 손가락을 펴고 시작해서 자기 것을 줘야 할 상황에서 손가락을 하나씩 접으면 된다. 소품 10개를 가장 먼저 다 잃은 사람이 우승자가 된다. 게임 규칙을 정하기에 따라서는 패배자가 될 수도 있다.

사람들이 솔직해질 때 그 사람에 대해 알게 되는 내용이 충격적일 수도 있다. 그렇지만 이것은 재미로 하는 게임이니까 자신이나 친구들의 반응을 너무 예민하게 받아들이지 않는 게 좋다. 이 활동을 통해 아이들은 어떤 상황에서 완전히 솔직해지는 것은 참 어렵다는 것을 알게 되고 어른들은 진실 게임의 묘미를 만끽할 수 있을 것이다.

활동 50
떠오른 반짝이

참여 인원 2인 이상
나이 5세 이상
준비물
- 작은 병(1개, 투명하고 뚜껑이 있는)   • 물(1~2 컵)
- 금속 반짝이(작은 숟가락 3개)   • 모래(큰 숟가락 3개)
- 식용유(큰 숟가락 3개)

　반짝이와 모래를 작은 병에 넣고, 물과 식용유도 첨가한다. 병뚜껑을 단단하게 잠그고 모든 사람이 볼 수 있게 들어 올린다. 그리고 당신은 뚜껑을 열거나 병 안에 그 어떤 기구도 넣지 않고 모래와 반짝이를 분리시키겠다고 말한다. 아이들에게 당신이 그렇게 해낼 수 있을 거라고 믿는지 물어본다. 아마 대부분의 아이들은 당신을 믿지 않겠지만 당신의 말을 믿을 수 있도록 설득하라. 구체적으로 그것을 어떻게 분리시킬지 완전히 이해하지는 못 하더라도 아이들에게 그 일이 일어날 가능성이 있다고 믿게끔 하는 것이다.

　이제 아이들에게 병은 누군가의 인생을 의미한다고 말한다. 그리고 병을 아주 세게 흔들면서, 이것을 모든 사람들이 살아가면서 겪게 되는 시련과 불행에 비유한다(다치거나 학교공부에 어려움을 겪거나, 가족이나 친구와 불화를 겪는 일 등). 이렇게 병을 흔들고 나면 모래는 바닥에 가라앉고 반짝이는 위로 떠오를 것이다.

  이 현상을 수많은 고난의 순간들을 거치고 믿음이 시험 받고 나서야 우리 문제의 해결 방안이 명확해진다는 사실과 비유해본다. 비결은 포기하지 않는 것이다. 가장 어려운 시기에도 믿고, 신뢰하면서 신념을 포기하지 않으면 된다.

활동 51
믿고 맡겨봐

참여 인원 2인 이상
나이 3세 이상
준비물 • 눈가리개(1개)   • 상자 또는 장애물용 물품들(10~20개)

    이 활동은 크게 두 부분으로 나뉜다. 첫 번째 활동은 아주 간단하다. 아이의 눈을 가리고 일어서게 하고 부모 중 한 사람이 아이 바로 뒤에 선다. 아이에게는 아버지(또는 어머니)가 바로 뒤에 서 있다고 말해준다. 그리고 아이에게 만약 뒤로 넘어지면 아버지가 자기를 받아줄 것이라고 믿는지 물어본다. 믿지 못하겠다고 대답하면 아버지는 아이에게 절대로 넘어져서 다치는 일은 없을 거라고 약속하며 겁내지 말라고 안심시킨다.

  아이에게 양팔을 옆으로 벌리고 다리를 반듯하게 편 채 뒤로 넘어지라고 지시한다. 아이가 처음에는 넘어지다가 한 다리를 뒤로 내딛어 쓰러지지 않으려고 하겠지만 확신을 가지고 믿고서 그냥 뒤로 넘어져 아버지 품에 안길 때까지 반복해서 시도한다. 돌아가면서 다른 가족 구성원과도 이런 식으로 신뢰 형성 과정을 거친다.

신뢰는 아이 혹은 어른들에게 자연적으로 생기는 것은 아니라는 사실에 대해 이야기를 나눈다. 다른 사람과 함께하는 경험을 통해 타인에 대한 신뢰를 배운다. 잘 모르는 사람을 무조건 신뢰할 수는 없지만 시간이 지나면서 친숙해지고 믿을 만한 가치가 있다는 걸 알게 되면 그 사람을 신뢰하게 된다.

아이들과 어른들이 서로 의지하고, 상대의 말을 신뢰하며, 서로의 약속을 믿을 수 있게 되는 건 참 좋은 일이다. 그렇지만 아이들 자신이 다른 사람에게 신뢰할 수 있는 사람이 되는 법을 배우는 것 또한 똑같이 중요하다. 그래야 다른 사람에게 같은 방식으로 돌려받을 거라 기대할 것이기 때문이다. 왜 신뢰가 가족 간에 중요한 자산인지 물어본다.

이 활동의 2부는 좀 더 많은 준비물이 필요하고 4명 이상일 때 효과적이다. 하지만 비교적 단순한 활동이다. 다른 방이나 바깥에 나가서 의자, 상자, 큰 장난감 등 주변의 부피가 큰 물품들을 이용해 장애물 코스를 만든다. 그런 다음, 아이의 눈을 가리고 그 장소까지 걸어가게 한다. 그리고 다른 식구(부모가 이상적이다) 중 한 명이 아이가 장애물 코스를 잘 통과할 수 있도록 안내하는데 이때 어떤 신체적 접촉도 해서는 안 되고 오직 말로만 안내해야 한다. 출발하기 전에 아이에게 믿을 만한 누군가가 코스를 다 통과할 때까지 안전하게 안내해 줄 것이라고 일러준다. 코스를 통과하다 보면 외부에 어떤 방해 요소가 있을지 모르지만 최적의 코스를 알려면 아버지(또는 어머니)의 목소리에 귀를 기울여야 한다고 말해준다.

아이가 코스를 통과하는 동안 부모는 언제 왼쪽 또는 오른쪽으로 돌아야 하는지, 언제 상자 위로 지나가야 하는지, 언제 멈추어야 하는지 등을 정확하게 지시해주어야 한다. 그 자리에 다른 아이들이 있다면, 그 아이들은 눈을 가린 아이를 놀리고 유혹하고 잘못된 방향으로 가라고 소리치면서 그 아이가 지시자의 말에 잘 따르지 못하도록 방해한다. 장애물 코스를 통과하는 아이는 방해하는 소음보다 정확히 길을 지시하는 소리를 더 잘 들을 수 있도록 귀를 바짝 기울여야 할 것이다. 이 활동은 참가자 모두에게 신나는 즐거움을 선사하면서 동시에 소중한 교훈을 가르쳐준다. 아이가 코스를 다 통과하고 나면, 이 경험을 실생활과 어떻게 연관시킬 수 있는지 함께 얘기해본다.

다음 질문을 잘 활용하면 아이들과 깨우침을 주는 대화로 이어갈 수도 있다. 이 질문들을 어린 아이에게 던질 때에는 좀 더 단순화해서 사용해야 한다.

- 그 사람들이 고의로 당신을 잘못된 길로 이끌었다고 생각하는가?
- 어떻게 하면 당신이 좀 더 믿을 만한 친구나 식구가 될 수 있을까?
- 장애물 코스를 통과하는 것은 삶을 헤쳐 나가는 것과 어떤 점에서 비슷한가?
- 살면서 '앞을 못 보게' 된다는 것은 어떤 의미일까? 우리에게 어떤 일이 닥칠지 항상 알 수 있을까?
- 항상 의지할 수 있고, 너를 위해 옆에 있어 줄 사람이 있다는 게 왜 중요한가?

- 신뢰하는 사람들이 아무리 최선을 다해 당신을 안내한다 할지라도, 당신 삶의 방향을 마지막으로 결정하는 것은 누구인가?
- 당신이 가장 좋은 길로 나아가지 못하게 방해하는 외부 요인이나 사람은 누구인가?
- 때때로 정말 믿을 수 있는 사람이 누구인지 알기 어려운 이유는 무엇일까? 그리고 일관되게 상대의 말을 '경청하기' 어려운 이유는 무엇일까?
- 만약 신앙이 있다면, 이 활동을 어떻게 하느님이나 영적 존재에 대한 믿음과 연결시킬 수 있을까?

활동 52

알 수 없지만

참여 인원   3인 이상

나이   4세 이상

준비물   • 눈가리개(1개)   • 큰 그릇(1개)

　　　　　• 작은 약솜 뭉치(20~30개)   • 큰 플라스틱 숟가락(1개)

　　　　　　　　이 활동은 굳이 어떤 가치와 연관 짓지 않더라도 아이들에게 재미있는 게임이다. 그릇을 방바닥(카펫 바닥이 더 좋다)에 놓고 그릇 주위에 약솜을 흩뜨려놓는데, 그릇에서 1미터 정도 떨어진 곳까지 넓게 뿌려놓는다. 아이에게는 그릇 앞바닥에 앉거나 무릎을 꿇게 하고 눈을 가린 후 숟가락을 건네준다. 숟가락을 쥐지 않은 다른 한 손은 등 뒤로 가게 한다. 아이에게 1분 동안 숟가락으로 약솜을 최대한 많이 주워 그릇에 담아보라고 한다. 시간이 지나면 그릇에 약솜이 몇 개나 담았는지 확인한다. 이제 다시 약솜을 흩뜨려놓고 다음 사람에게 똑같이 해보게 한다. 이때 그릇에 약솜을 가장 많이 넣은 아이뿐만 아니라 참여한 모든 아이에게 작은 상을 줘도 좋다.

우리는 살아가면서 때때로 결과가 어떻게 될지 확실히 알 수 없음에도 불구하고 옳은 일이라 생각하는 것을 하게 된다. 이런 일에 대해 아이들과 얘기를 나눠본다. 어떤 의미에서 우리는 결과에 대해 장님이지만 좋은 결과가 있을 거라고 단순하게 믿고 행동한다.

이것은 농부가 가을에 거둬들일 농작물의 품질이나 양을 확실하게 알지 못하면서도 매년 봄에 씨를 뿌리는 것과 같다. 농부는 씨를 흙으로 덮으면서 싹이 잘 날지 안 날지도 모른다. 그 씨앗에서 싹이 나오려면 며칠 혹은 몇 주를 기다려야 한다. 또한 씨앗이 잘 자라기에 충분한 비도 오고 햇빛도 비칠 거라고 믿어야 한다. 만약 농부에게 이런 믿음이나 신뢰가 없다면 결코 씨앗을 심을 수 없다.

아이가 눈을 가리고 숟가락으로 약솜을 주워 담을 때 약솜이 그릇에 담기는지 아닌지 느낄 수 없다. 자신의 노력이 성과를 내는지 헛수고를 하고 있는지 그는 알지 못한다. 하지만 노력하다 보면 약솜 몇 개는 그릇에 담길 것이라 믿고 어둠 속에서 인내하면서 노력할 뿐이다.

이제 다른 사람 또는 신적 존재에 대한 믿음이나 신앙을 보여주는 사례들을 몇 가지 생각해보기로 하자. 시작해볼 수 있는 사례 몇 가지를 소개한다.

- 너는 앞으로 살면서 그 지식들이 모두 필요하게 될지 어떨지 충분히 알지 못하면서도 매일 숙제를 한다. 너는 선생님을 믿는 것이다.

- 부모님이 어떤 지점 너머까지는 자전거를 타고 가지 말라고 하면 부모님의 말씀을 듣는다. 너는 부모님을 믿는 것이다.
- 경찰이 손을 들고 휘슬을 불면 아버지는 차를 세운다. 아버지는 경찰과 법을 믿는 것이다.
- 야구 코치가 네게 스윙을 짧게 하라고 조언하면 그대로 따른다. 너는 코치를 믿는 것이다.
- 의사가 네 귀에 염증이 생겼다며 2주간 수영장에 가지 말라고 진단을 내리면 의사 처방에 따른다. 너는 의사를 믿는 것이다.
- 천둥이 치면 무서워서 보호해달라고 하느님께 기도를 올린다. 너는 하느님을 믿는 것이다.

만약 우리가 우리 아이들에게 안네 프랑크가 지녔던 믿음 즉 "이 모든 것에도 불구하고 사람들의 본심은 정말 착하다."는 것을 믿도록 가르칠 수 있다면 우리는 아이들에게 위대한 선물을 주는 것이다. 아이들은 기본적으로 인간에 대한 믿음에서 나오는 평화와 확신을 경험하게 될 것이기 때문이다.

명언

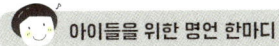 아이들을 위한 명언 한마디

인생에서 가장 중요한 것은
물질적인 것이 아니다.

사과 한 개에 씨앗이
몇 개인지는 셀 수 있지만,
사과 씨앗 한 개에
사과가 얼마나 열릴지는
알 수 없다.

문제가 생기면
작업복을 입고
일할 기회이다.
— 헨리 카이저

펌프를 흰색으로 칠한다고
깨끗한 물이 나오는 것은
아니다. 깨끗한 물은 깊은
우물 속에서 나오는 것이다.

중요한 사람이 되는 것은
멋진 일이다. 하지만
친절한 사람이 되는 것은
더 중요하다.

하라.
제대로 하라.
지금 당장 하라.

천 리 길도 한 걸음부터.

사람이 외로운 것은
다리를 놓는 대신
벽을 세우기 때문이다.
— 조셉 뉴톤

진정한 부는
당신이 소유한 것이 아니라
당신 존재 자체이다.

삶은 때로 당신이
배울 기회를 갖기도 전에
시험에 들게 한다.

좋은 예의란 때로
타인의 무례함을 그냥
너그러이 넘어가 주는 것을
의미한다.

이 모든 것에도 불구하고,
나는 여전히
사람들의 본심은
진정 선하다고 믿는다.
— 안네 프랭크

용기를 내어 그대가
생각하는 대로 살지 않으면
머지않아 그대는
사는 대로 생각하게 된다.
— 폴 발레리

행복의 문 하나가 닫히면
다른 문이 열린다.
하지만 우리는 닫힌 문을
너무 오래 바라보느라
열린 문을 보지 못한다.
— 헬렌 켈러

우리 모두
리얼리스트가 되자.
그러나 가슴 속엔
불가능한 꿈을 꾸자.
— 체 게바라

내면의 절실한 바람과
세상의 필요가
만나는 지점에서
인간은 가장 기쁘게
일할 수 있다.

현재 자신의 생각과 행동이
미래의 자신과 연결되어
있음을 잊지 말라.
— 스티브 잡스

성공하는 사람이
되려하지 말고
가치 있는 사람이
되려고 노력하라.
— 아인슈타인

부모들에게 주는 명언 한마디

우리가 갖지 못했던 것을
아이들에게 주고 싶어
급급하면 우리가 이미 지닌
소중한 것들을 주는 데
소홀하게 된다.

아이들은 부모가 자신에게
한 말은 잊어버릴 수 있지만
자신에게 느끼게 한 감정은
결코 잊지 않는다.
― 칼 부에너

비관론자는
'봐야 믿는다'라고 말한다.
반면 낙관론자는
'믿으면 보게 된다'라고
말한다.
― 로버트 슐러

하고 나서 행복해지면
도덕적인 행동이고,
하고 나서 죄책감이 들면
부도덕한 행동이다.
― 어니스트 헤밍웨이

사랑을 가정에서
가르치지 않는다면
다른 어떤 곳에서도
사랑을 배우는 것은
거의 불가능하다.

남이 엿들으면 안 되는 말은
입 밖에 내지 말아야 한다.

시간의 모래 위에
발자국을 남기고 싶다면
작업화를 신는 게 낫다.
— 르그랑 리차드

가정이 실패하는
오직 하나의 경우,
그것은 바로
서로를 포기할 때이다.
— 마빈 애시톤

파랑새를 찾아서
세상을 떠돌다가
집에 돌아와 보니
파랑새는 거기에 있었다.
— 조지 무어

용기란
열정을 잃지 않고
하나의 실패에서
다음 실패로 나아가는
능력이다.

한 개인을 대할 때 그가
되어야 하고 또 될 수 있는
그런 사람으로 대한다면 그는
결국 그가 되어야 하고 될 수
있는 그런 사람이 될 것이다.
— 괴테

어떤 대가라도 치르겠다는
마음과 상대방 눈에 내가
불완전해 보여도 괜찮다는
각오를 했을 때 나는 비로소
상대에게 배울 수 있다.
— 루돌프 드라이커스

아이들은 윗사람의 말을
귀담아 들은 적이 전혀 없지만
그들을 모방하지 않은 적은
한 번도 없다.
— J. 볼드윈

한날한시에 뿌린
씨앗일지라도
꽃피는 시기가 제각각이다.
어린이 또한 마찬가지다.
— 브루너

놀이는 유년기에 있어서
가장 순수하고
가장 영적인 인간 활동이다.
— 프뢰벨

말로 하는 사랑은
쉽게 외면할 수 있으나
행동으로 보여주는 사랑은
저항할 수가 없다.
— 무니햄

우리는 아이들에게
그 어떤 것도 가르칠 수 없다.
할 수 있는 일은 다만 그들이
자기 안에서 무엇인가를
찾도록 돕는 것이다.
— 갈릴레오 갈릴레이

만일 내가 다시 아이를
키운다면… 덜 단호하고
더 많이 긍정하리라.
힘을 사랑하는 사람으로
보이지 않고 사랑의 힘을 가진
사람으로 보이리라.
— 다이아나 루먼스

52가지 활동, 이럴 때 한 번 해보세요

주제	활동		준비물	이럴 때 한 번 해보세요
1마당 우선순위 소중한 것	1	가장 소중한 것	칠판/큰 종이 분필/연필	• 아이가 비싼 선물을 바라거나 너무 물질적인 것에 집착할 때 • 아이에게 정말 소중한 것이 무엇인지 깨닫도록 돕고 싶을 때
	2	순서가 중요해	투명한 유리병 호두알/탁구공 쌀 그릇	• 아이가 해야 할 일을 다 못하고 헉헉댈 때 • 아이에게 중요한 일부터 해야 함을 인식할 수 있도록 돕고 싶을 때
	3	달콤한 속임수	맛있는 과일 사탕	• 아이가 편하고 쉬운 것만 하려고 할 때 • 아이가 장기적인 안목(만족/이로움)을 지닌 사람이 되도록 돕고 싶을 때
	4	인생 저울	작은 지퍼백 철사 옷걸이 동전 종이테이프 네임펜 고리/못	• 아이가 할 일이 많아 힘들어하거나 생활의 균형이 깨져 있을 때 • 아이가 자기 일상생활을 돌아보고 균형 잡힌 삶을 살 수 있도록 돕고 싶을 때
	5	황금알 찾기	5색 부활절 달걀 황금색 달걀 바구니 종이	• 아이에게 현명하게 선택하는 능력을 키워주고 싶을 때
2마당 잠재력 자존감	6	사과 속 씨앗	사과 과도	• 아이가 다른 사람을 무시하거나 낮게 평가할 때 • 사람의 외양이 아닌 내면의 아름다움을 볼 줄 아는 아이로 키우고 싶을 때
	7	사람의 가치	천 원 지폐 500원 동전	• 다양성을 인정하는 아이로 키우고 싶을 때
	8	나는 누구인가	양초 노트 연필 외투와 모자	• 아이가 가진 장점을 탐색해보고 싶을 때
	9	숨겨진 보물 찾기	그릇 동전 주전자와 물 스카치테이프	• 아이의 숨겨진 재능을 알려주며 격려하고 싶을 때
	10	팝콘 나누기	팝콘용 옥수수 팝콘	• 아이가 자기 재능을 개발할 수 있도록 돕고 싶을 때 • 아이가 자기 재능을 다른 사람과 나누도록 돕고 싶을 때

3마당 긍정적 자세	11	그릇 키우기	유리 그릇 놀이용 찰흙	• 아이가 어려움에 부딪혀 낙담하고 있을 때 • 태도를 바꾸는 것이 지닌 힘에 대해 가르치고 싶을 때
	12	양말 속 조약돌	조약돌 사탕	• 아이가 부정적인 것에만 초점을 맞추고 있을 때 • 아이가 긍정적인 측면을 볼 수 있도록 돕고 싶을 때
	13	열 받으면 나와요	종이 다리미와 다림판 레몬즙/우유 가는 붓	• 아이가 주어진 상황에 따른 감정 기복이 클 때 • 아이에게 인내심을 기르도록 하고 싶을 때
	14	초점 두고 찾기	없음	• 관점을 바꾸면 다른 것들을 볼 수 있음을 가르치고 싶을 때
4마당 정직 성실성	15	묶고 또 묶고	실/가는 끈 의자	• 아이가 거짓말을 했을 때 • 아이가 거짓말이 가져오는 결과에 대해 인식하고 정직한 자세를 갖도록 돕고 싶을 때
	16	밀가루 탑	밀가루 동전 플라스틱 컵 키친타월/신문지 버터칼 종이 접시	• 아이가 부정적인 행동(음주, 절도, 부정 행위 등)을 했을 때 • 부정적인 행동이 미치는 영향을 인지하도록 돕고 싶을 때
	17	물색깔이 변했어요	컵 물 염소 표백제 식용 색소	• 아이가 부정적인 행동(음주, 절도, 부정 행위 등)을 했을 때 • 아이가 부정적인 생활 자세를 바꾸겠다고 결심하도록 돕고 싶을 때
	18	반죽 빚기	옥수수전분 물 반죽용 그릇	• 아이의 생활 자세가 해이해지면서 자기 관리에 게을러졌을 때 • 적절한 삶의 긴장감이나 균형 잡힌 생활의 필요성에 대해 얘기하고 싶을 때
5마당 사랑 친절	19	사랑의 불꽃	양초 성냥/라이터 신문지	• 새로운 가족이 생겼거나 다른 형제자매를 시기할 때 • 아이가 부모에게 무척 소중한 존재라는 걸 알려주고 싶을 때
	20	설탕 한 스푼	그릇 물 후추 설탕 비누	• 아이가 거친 말을 사용할 때 • 아이가 긍정적이고 친절한 말을 사용할 수 있도록 돕고 싶을 때
	21	떠오른 계란	유리컵 물 계란 소금 큰스푼 네임펜	• 아이가 어려운 친구나 왕따 당하는 친구에 대해 얘기할 때 • 아이에게 사랑과 격려의 행동이 갖는 영향력을 인식시키고 싶을 때

	22	빈 병 룰렛	유리병 A4용지 연필 그릇	• 서로 칭찬하고 격려하는 시간을 갖고 싶을 때
6마당 좋은 습관 형성	23	습관의 실 끊기	막대기/나무젓가락 실	• 아이에게서 나쁜 습관이 형성되려는 모습이 보일 때 • 아이의 부정적인 행동을 바꾸는 기회를 마련하고 싶을 때
	24	자와 신문지	플라스틱 자 신문지 매직펜 탁자	• 아이가 '이쯤이야'라고 생각하며 부정적인 행동을 반복할 때 • 나쁜 습관이 얼마나 강력한 힘을 갖고 있는지 인식하도록 돕고 싶을 때
	25	깍지를 껴봐	없음	• 한 번 몸에 밴 습관은 얼마나 바꾸기가 힘든지 깨닫게 하고 싶을 때 • 좋은 습관을 기르도록 돕고 싶을 때
	26	아니요 게임	천 원 지폐 리본/줄 클립	• 아이가 어떤 말(단어)을 습관적으로 내뱉을 때 • 몸에 밴 언어 습관의 힘을 인식시키고 싶을 때
7마당 목표 수립	27	목표 지킴이	동전 단지/그릇 머핀틀	• 큰 목표가 주는 위압감에 어찌 할 줄 모르고 힘들어할 때 • 실행 가능한 목표를 수립하도록 돕고 싶을 때
	28	도미노 게임	도미노	• 목표만 세워놓고 그것을 실현시키기 위한 구체적인 행동을 하지 않을 때 • 목표를 달성하기 위한 세부적인 계획을 잘 짜도록 돕고 싶을 때
	29	편지 왔어요	종이 펜/연필 봉투 우표	• 아이가 목표만 세워놓고 행동은 하지 않을 때 • 목표를 달성하기 위해서는 치러야 할 비용이 있다는 것을 깨닫게 하고 싶을 때
	30	나는 슈퍼맨	종이상자 매직펜/네임펜 포스트잇 스티커	• 아이가 목표만 세워놓고 그것을 어떻게 실현시켜야 할지 모를 때 • 아이가 목표 달성을 위해 가지고 있는 재능과 어려움을 인식하도록 돕고 싶을 때
8마당 화합 협력	31	나를 넘어 우리	연필 종이 M&M 초콜릿	• 형제자매 간에 다퉜을 때 • 가족(공동체) 내의 유대감을 키우고 싶을 때
	32	힘 모아 세우기	긴 막대 두꺼운 종이 매직펜 스카치테이프 단단한 끈	• 아이가 개인적이거나 이기적인 행동을 할 때 • 가족(공동체) 내 협력의 중요성에 대해 얘기하고 싶을 때

	33	뭉치면 할 수 있어요	고무밴드 이쑤시개	• 아이가 혼자 우쭐대거나 다른 사람을 얕볼 때 • 가족(공동체) 내 협력의 중요성에 대해 얘기하고 싶을 때
	34	아슬아슬 물 붓기	눈가리개 의자 플라스틱 컵 주전자 물	• 아이에게 협동심이나 원만한 의사소통에 대해 얘기하고 싶을 때
	35	실타래 거미줄	실타래	• 서로 칭찬하고 격려하는 시간을 갖고 싶을 때 • 가족들이 잘 지내기 위해 서로 어떻게 해야 하는지 얘기하고 싶을 때
9마당 감사	36	이런 나라 저런 나라	종이 종이접시 밥 삶은 콩 또띠아 식사 한 끼	• 자기가 가진 것에 대해 못마땅해 하며 투정 부릴 때 • 자기가 가진 모든 것에 감사하며 어려운 환경의 사람들에게 관심을 갖도록 돕고 싶을 때
	37	감사 보물 찾기	원통형 캔 양말 각종 소품들	• 아이가 일상에서 누리고 있는 것에 대해 감사함을 느끼도록 돕고 싶을 때 • 손으로 만져보고 물건 알아맞히는 감각을 키우고 싶을 때
	38	행복 테스트	연필 설문지/종이	• 자기가 가진 것에 대해 못마땅해 하며 투정 부릴 때 • 자기가 가진 모든 것에 감사하며 어려운 환경의 사람들에게 관심을 갖도록 돕고 싶을 때
	39	숨겨진 축복	접시 플라스틱 숟가락 소금 검은 후추 모직 천 조각	• 아이가 자기 조건이나 환경이 나쁘다고 느낄 때 • 아이 스스로 자기가 받은 축복에 감사함을 느끼도록 돕고 싶을 때
10마당 용기	40	돌과 풍선	무거운 돌 풍선 못이 박힌 판자 매직펜	• 아이가 외면적인 화려함이나 다른 사람의 시선을 너무 의식할 때 • 아이를 한결같이 강하고 용기 있는 사람으로 키우고 싶을 때
	41	이럴 땐 어떡하지?	없음	• 아이에게 걱정스러운 상황(분실, 안전사고, 따돌림 등)이 예측될 때 • 아이에게 실제 생활 속의 문제들을 해결하고 결정하는 기술을 키워주고 싶을 때
	42	돌돌 만 종이	A4 종이 작은 책	• 아이가 능력이 부족해 '할 수 없다'고 포기하려 할 때 • 약점이라 여기는 아이의 특성을 강점으로 바꾸도록 돕고 싶을 때

	43	두려움 크래커 깨기	비스킷 밀방망이 종이 매직펜 스카치테이프 도마	• 아이가 부정적인 감정에 빠져 의기소침해 있을 때 • 아이가 두려워하거나 걱정하는 것에서 벗어나도록 돕고 싶을 때
11마당 존중 예의	44	황금률 게임	사진 판 풀	• 아이가 친구와 의견 충돌로 다투었거나 오해가 있어 사이가 멀어졌을 때 • 자기가 본 것이나 자기주장만 옳다고 우길 때 • 상대의 관점을 존중하도록 가르치고 싶을 때
	45	깃털 날리기	종이 봉지 깃털/쌀 나무젓가락 침대시트	• 아이가 다른 사람에 대한 확인되지 않은 얘기나 소문을 전할 때 • 아이가 진중하게 말하는 습관을 갖도록 돕고 싶을 때
	46	이쑤시개 주세요	이쑤시개	• 식탁 예절을 가르치고 싶을 때
	47	전화기 놀이	종이컵 줄 클립 봉투 매직펜	• 형제자매 또는 친구 간에 오해로 인한 다툼이 있을 때 • 효과적인 의사소통 방법에 대해 얘기하고 싶을 때
12마당 신뢰 믿음	48	흙과 쿠키	식물 화분 은박지 초코 쿠키 숟가락	• 아이가 눈앞에 보이는 것에만 의존해서 선택하려 할 때 • 서로에 대한 신뢰의 의미에 대해 얘기 나눠보고 싶을 때
	49	진실 게임	콩/M&M 초콜릿	• 서로에 대해 알아가며 마음을 여는 시간을 갖고 싶을 때 • 솔직해지는 게 쉬운 일이 아님을 가르치고 싶을 때
	50	떠오른 반짝이	작은 병 물 금속 반짝이 모래 식용유	• 어려움과 시련이 주는 의미에 대해 얘기하고 싶을 때
	51	믿고 맡겨봐	눈가리개 상자	• 상대를 무조건 믿고 맡기는 체험을 하도록 돕고 싶을 때
	52	알 수 없지만	눈가리개 큰 그릇 약솜 숟가락	• 아이가 부모(선생님)에게 근(증)거가 없으면 믿지 못하겠다 또는 따르지 못하겠다고 할 때 • 눈에 보이지 않고, 알 수도 없는 어떤 대상에 대한 믿음이나 신뢰에 대해 얘기하고 싶을 때

참고문헌

- Briggs, Dorothy Corkille. Your Child's Self-Esteem. New York: Doubleday, 1975

- Church of Jesus Christ of Latter-Day Saints. Family Home Evening Sourcebook. Salt Lake City, Utah: Bookcraft, 1977.

- Dosick, Wayne. Golden Rules: The Ten EthicalValues Parents Need to Teach Their Children. New York: HarperCollins, 1995.

- Eisenberg, Arlene; Heidi E. Murkoff; and Sandee E. Hathaway, B.S.N. What to Expect: The Toddler Years. New York: Workman Publishing, 1994.

- Eyre, Linda, and Richard Eyre. Teaching Your Children Values. New York: Simon & Schuster, 1993.

- Garnett, Paul D. Investigating Morals and Values in Today's Society. Carthage, Ill.: Good Apple, 1988.

- Ginsberg, Susan. Family Wisdom: The 2,000 Most Important Things Ever Said About Parenting, Children, and Family Life. New York: Columbia University Press, 1996.

- Hample, Stuart, and Eric Marshall. Children's Letters to God. New York: Workman Publishing, 1991.

- Heaton, Alma. Tools for Teaching. Salt Lake City, Utah: Bookcraft, 1979.

- Hollingsworth, Mary. On Raising Children. Dallas, Tex.: Word Publishing, 1993.

- Lefgren, Beth, and, Jennifer Jackson. Power Tools for Teaching. Salt Lake City, Utah: Bookcraft, 1988.

- Luke, Susan. Experiment upon the Word. Salt Lake City, Utah: Covenant Communications, 1997.

- Reuben, Steven Carr, Ph. D. Raising Ethical Children. Rocklin, Calif.: Prima Publishing, 1994.

- Treseder, Terry W. Teach Them to Love one Another. Salt Lake City, Utah: Bookcraft, 1985.

- Unell, Barbara C., and Jerry L. Wyckoff, Ph.D. 20 Teachable Virtues: Practical Ways to Pass on Lessons of Virtue and Character to Your Children. New York: Jeremy P. Tarcher/Putnam Books, 1996.

- Ziglar, Zig. See You at the Top. Gretan, La.: Pelican Publishing, 1981.

추천하는 글

김명은
늘푸른어린이집
원장

가정에서 부모가 자녀와 놀이를 통해 가치관교육, 인성교육을 할 수 있다는 것이 얼마나 희망적인가. 성과 위주의 시대를 사는 우리 부모들이 놓치고 있던 가치관교육을 아이들이 좋아하는 놀이를 통해 스스로 깨닫는 교육이 가능하다는 사실이 놀랍고 또한 반갑다. 이 책은 인성놀이의 구체적인 방법과 목표를 제시하고 있어 누구나 쉽게 활용할 수 있다는 장점을 갖고 있다. 놀이를 하다보면 자연스럽게 가족 간의 이해와 소통이 이뤄지고 끈끈한 유대관계가 생기게 된다. 간단한 놀이로 자녀에게 존경 받는 부모가 될 수 있는 이 책을 적극 권해드리고 싶다.

정영혜
울산동그라미
어린이집 원장

책을 잠깐 훑어만 보려다가 밤을 꼬박 새워 읽고 말았다. 어떤 부모가 되어야 할지, 어떻게 교육을 해야 할지 고민이 있는 이 땅의 부모들에게 이 책은 올바른 부모 되기의 시작을 열어줄 것이다. 아이들이 행복감에 젖어 환하게 웃고 있는 모습이 벌써 눈앞에 그려진다.

유도경
행복한리더어린이집
원장

이 책은 인성을 가르치는 방법에 대한 전문적인 지식을 나열한 것이 아니라, 아이들이 놀이를 통해 직접 체험하도록 함으로써 몸과 마음에 미덕이 깊게 배이게 하는 방법을 제시한다. 우리 아이들이 그런 자극을 통해 행복한 에너지로 가득 채워지길, 그리고 이 책이 그것을 안내하는 비밀의 문이자 희망의 발전소가 되길 바란다.

이미경
울산웅촌어린이집
원장

모든 부모는 자기 자녀에게 각자의 방법으로 최선을 다한다. 많은 부모교육도서들은 부모가 자녀에게 모범적인 행동을 보임으로써 교훈을 주어야 한다고 말한다. 하지만 어떻게? 어떤 방법으로? 이에 대한 명쾌한 해답과 실제 생활에서 적용할 수 있는 방법을 제시해주는 책. 아이가 도덕적이고 긍정적으로 행복한 삶을 살게 하고 싶다면, 꼭 이 책이 제시하는 방법들을 실천해 보길 권한다.

유향란
논산인동어린이집
원장

매일이 기념일! 자신의 꿈과 가치를 실현하는 힘은 어린 시절 부모와 함께하는 경험으로부터 시작한다. 아이와 함께하는 놀이, 더욱 의미 있는 솔루션이 이 책에 담겨져 있다. 10분 놀이로 시작되는 인성, 부모와 아이가 손뼉 치며 즐겁게 세상의 이치에 부합하는 삶을 살 것을 당부하는 가정교육 필독서. 이 책을 통해 모든 부모들이 매일이 기념일 같은 하루를 만들어갈 희망한다.

박근희
매향여자정보고
교사

이 책은 아이들이 마음껏 인성을 키울 수 있는 인성놀이터 같은 책이다. 4차 산업혁명의 시대, AI가 인간의 능력을 넘보는 시대. 이런 시대를 살고 있는 우리 아이들에게 교육은 어떤 자극을 주어야 할지가 늘 고민이었는데 우리 아이들이 가진 원석을 보석으로 만드는 데 필요한 놀이를 담은 책, 사람됨을 스스로 발견하게 하는 이 책을 만난 것은 진정 "유레카~^^"

김용건
성남초등학교
교사

놀이는 아이들이나 어른이나 모두 좋아하고 행복감을 높여주는 활동이다. 최근 놀이의 효과에 대해서 인식이 바뀌고 다양한 놀이수업들이 개발되고 있는데, 이 책은 놀이에 대한 설명뿐만 아니라 놀이를 통해서 키울 수 있는 인성의 가치까지 제시하고 있다. 재미와 가치가 함께 있는 프로그램을 고민하는 현장의 선생님들께 강추한다.

김은정
종이비행기어린이집
원장

'놀면서 배우는 것이 행복하다'는 아동기에 딱 적합한 인성교과서 같은 느낌! 수많은 인성프로그램을 접하며 늘 조금의 아쉬움이 남았던 나에게 이 책은 선물보따리를 한아름 받는 느낌이었다. 그리고 아이들과 직접 활동해보며 점점 더 매력에 빠지게 되었다.

조민경
동아리어린이집
원장

자녀들이 행복한 인생을 살아갈 수 있도록 돕는 방법을 이처럼 구체적으로 제시해준 책이 있을까? 읽는 내내 잔잔한 미소가 지어지는 참 고마운 책, 후회하지 않는 부모가 되기 위한 필독서이다.

김영란
예쁜어린이집
원장

인성이 중요하다는 것은 알지만 정작 그것을 어떻게 키워주어야 할지 방법을 몰라 고민하는 부모들에게 이 책은 명쾌한 답을 제시해준다. 많은 부모들이 이 책을 활용하면 자녀에게 평생 지니고 갈 가치관을 심어줄 수 있다.

조민자
대전새싹어린이집
원장

인성은 삶의 기본이다. 따라서 아이들이 쉽게 접근할 수 있어야 한다. 우리 앞에 성큼 다가온 4차 산업 혁명의 시대, 이 시대의 주역들이 지녀야 할 필수 역량인 인성, 이 인성을 쉽고 재미있게 심어주는 방법들이 제시된 이 책은 '우연히 자신에게 유리한 일만 거듭해서 일어난다'는 '샐리의 법칙'을 연상하게 한다. 우리나라 아이들은 물론 전 세계 아이들도 모두 경험할 수 있으면 좋겠다.

감미애
남성중학교
교사

10분! 폭풍 성장하는 아이들과 함께 할 수 있는 짧고도 귀한 시간. 그 시간에 우리는 아이의 마음 밭에 어떤 씨앗을 심어줄 수 있을까? 그 물음에 대한 답을 주는 책. 바쁜 일상 속에서 아이들과 무엇을 하고 어떤 가르침을 줄까 고민하고 있는 이 세상 모든 부모, 교사들에게 강추하고 싶은 책이다. 웃으며 책갈피를 넘기다 잔잔한 감동으로 책장을 덮고 나를 돌아보게 한 책!